Das Fräulein vom Bahnhof

Der Verein Freundinnen Junger Mädchen in der Schweiz

Esther Hürlimann
Ursina Largiadèr
Luzia Schoeck
Unter Mitarbeit von Anina Rether

HIER UND JETZT

Am Anfang dieses Buches stand ein Umzug: Das Archiv der Freundinnen Junger Mädchen stand in Kartons verpackt in einem Lagerhaus, nun sollte es ins «Gosteli» überführt und inventarisiert werden. Im Archiv zur Geschichte der schweizerischen Frauenbewegung schien uns diese historische Hinterlassenschaft gut aufgehoben.

Wenig später stiessen wir im Keller unserer Pension Lutherstrasse in Zürich auf weitere Kartons. Als wir sie öffneten, fanden wir einen Schatz. Das Haus hatte über viele Jahrzehnte nicht nur jungen Frauen Schutz und Geborgenheit geboten, sondern auch Fotografien, Glasnegative, Uniformbroschen, Filmrollen, Schriften und Publikationen aufbewahrt, die im Lauf der Zeit entstanden und gesammelt worden sind.

Es fühlte sich an, als würde sich eine vergangene Welt in das Bewusstsein der Gegenwart drängen wollen – so beschlossen wir, die Zeugen aus einer anderen Zeit einer breiteren Öffentlichkeit bekannt zu machen. Dies erschien uns umso dringlicher, als die Geschichte der «Freundinnen» in der Schweiz kaum je umfassend dargestellt worden ist. Es schwebte uns allerdings kein Forschungsbericht vor, sondern eine Darstellung, die nahe an den nun verfügbaren Quellen bleibt.

Mit dem «Fräulein vom Bahnhof» geben Esther Hürlimann, Ursina Largiadèr und Luzia Schoeck Einblick in eine facettenreiche
Frauenorganisation, die ihren Anfang im Umfeld der Sittlichkeitsbewegung fand und über sie hinauswirkte. Wir danken den
Autorinnen für dieses Bilder- und Lesebuch und hoffen, dass es
Forscherinnen und Forschern Lust machen wird, die weltum-
spannende Bewegung der Freundinnen Junger Mädchen weiter
zu ergründen. Auch freuen wir uns über die verlegerische Heimat
dieses Werks im Verlag Hier und Jetzt, der sich mit seinem Programm in der Aufarbeitung von Frauenthemen engagiert.

Der Dachverband Compagna Schweiz steht kurz vor seiner
Auflösung. Als letzte Generation dieses Verbands möchten wir
sowohl den Pionierinnen ein Gesicht geben als auch jene Frauen
zu Wort kommen lassen, die nun 135 Jahre später dafür sorgen,
dass der Spirit der Freundinnen Junger Mädchen und die daraus
erwachsenen Sozialwerke vor Ort weiterleben.

Für Compagna Schweiz
Jeanne Pestalozzi, Präsidentin
März 2021

Pionierinnen der Sozialarbeit von Frauen für Frauen

Die Faszination, in eine Vereinsgeschichte einzutauchen, ist stets mit den Fragen verbunden: Wie schafft es eine Institution, sich über die Jahrzehnte so zu verwandeln, dass der ursprüngliche Gründungszweck immer wieder auch neue Generationen anspricht und vertritt? Welches ist der rote Faden durch die Geschichte, mit dem Protagonistinnen und Mitstreiterinnen immer wieder neue Pakete schnüren? Aber auch: Wie gelingt es, alte Zöpfe loszulassen und das aus dem Vereinszweck gewachsene Engagement zu hinterfragen? In diesem Spannungsfeld bewegten sich die Freundinnen Junger Mädchen (FJM) während all der Jahre ihres Engagements. Es gelang ihnen, mit ihren sozialen Werken Kontinuität zu schaffen, sich ständig neu zu erfinden oder, wo nötig, auch Abschied zu nehmen – und so den Stürmen der Zeit erfolgreich standzuhalten: von den gesellschaftlichen Umwälzungen des ausgehenden 19. Jahrhunderts über die Krisenzeiten der beiden Weltkriege und die wirtschaftlichen und politischen Entwicklungen der Nachkriegszeit bis ins neue Jahrtausend.

Entstanden ist der Schweizerische Verein der Freundinnen Junger Mädchen 1886 aus einer weltumspannenden Bewegung heraus, die sich gegen den Mädchenhandel einsetzte. Das Ziel lautete: junge Frauen, die als Arbeitssuchende und Touristinnen alleine unterwegs waren, vor Prostitution und Missbrauch am Arbeitsplatz zu schützen. Der damals neu entstehende Sozialraum Bahnhof war der Ausgangspunkt der Freundinnenarbeit. Hier schufen die FJM eine Reihe von Angeboten, um den jungen Frauen im wachsenden städtischen Raum Halt und Schutz zu bieten. Das Angebot der Freundinnen war seit Beginn von zwei Stossrichtungen geprägt: einer emanzipatorischen und einer erzieherisch-behütenden. Ihre Absicht, die Lebensbedingungen junger Frauen zu verbessern, war gepaart mit dem moralischen Anliegen, die Mädchen auf einen «sittlichen» Weg zu führen. Über die konkrete Umsetzung dieser beiden teilweise widersprüchlichen Ziele wurde im Verlauf der Geschichte vereinsintern immer wieder heftig debattiert. Das Quellenmaterial zur 135-jährigen Vereinsgeschichte ist denn auch geprägt von einem ambivalenten Selbstverständnis, das in den Aktivitäten, Themenschwerpunkten und Aussagen der FJM immer wieder zutage tritt.

Einerseits verhalfen die FJM als Pionierinnen im Bereich der sozialen Arbeit sowie der präventiven Öffentlichkeitsarbeit jungen Frauen im ausgehenden 19. Jahrhundert zu mehr Sicherheit und Selbstbewusstsein im öffentlichen Raum, der bis dahin primär Männern vorbehalten war. Gleichzeitig kam dem politischen Engagement für die Gleichberechtigung der Frauen in der Gesellschaft – beispielsweise für das Frauenstimmrecht – bei den FJM eine geringere Bedeutung zu als dem praktischen Begleiten junger Frauen auf ihrem Weg zur Erwerbsarbeit, Mutter und Hausfrau.*

Diese aus heutiger Perspektive eher konservativen Tendenzen sowie der bürgerlich-christliche Fokus führten dazu, dass die FJM in der historischen Genderforschung sehr lange nicht als Teil der Frauenbewegung, sondern lediglich als Zweig der sogenannten Sittlichkeitsbewegung wahrgenommen wurden. Die Arbeit der FJM nur unter dem Blickwinkel der Sozialdisziplinierung zu betrachten, wird ihnen jedoch nicht gerecht. Die Freundinnen wirkten zu einer Zeit, in der Frauen in der Schweiz weder über politische

---

* Der in diesem Buch sehr oft verwendete Begriff «Mädchen» liest sich aus heutiger Perspektive nicht ganz ohne Irritation. Während heute bereits 13-Jährige nicht mehr als solche bezeichnet werden wollen, war das «Mädchen» noch bis vor wenigen Jahrzehnten die Bezeichnung für unverheiratete junge Frauen. In diesem Sinne steht dieses aus der Verkleinerungsform von «Magd» hervorgegangene Wort auch im Vereinsnamen «Freundinnen Junger Mädchen». Wir schreiben in diesem Buch daher öfters von «jungen Frauen», doch liess sich das etwas veraltete «Mädchen» nicht ganz vermeiden, um der Vereinsgeschichte gerecht zu werden.

Dem zeitlichen Abstand sind auch Begriffe geschuldet wie «Propaganda» oder «Bahnhofwerk», die wir teils so beliessen, um näher an den Quellen zu bleiben, und teils mit Werbung bzw. Öffentlichkeitsarbeit modernisierten. Ohne weiter auf formaljuristische Fragen einzugehen, betrachten wir das «Lokalkomitee» der ersten Zeit und später die «Sektion» bzw. den örtlichen «Verein» als dieselbe verantwortliche Einheit.

11 Rechte noch über berufliche Perspektiven verfügten. Ihre Spezialisierung auf die Sozialarbeit kann als pionierhafter Ansatz in der Frauenförderung im entstehenden Sozialstaat betrachtet werden.

Mit diesem Buch möchten wir Einblick geben in die facettenreiche Geschichte dieser Pionierinnen der Sozialarbeit von Frauen für Frauen. Dass die FJM heute nur noch einer älteren Generation bekannt sind, hat damit zu tun, dass aus der «Freundin» eine «Kameradin» geworden ist und der Verein 1999 in «Compagna» umbenannt wurde. Wie bei vielen Institutionen, die mit ihrem Engagement die Basis für unser Sozialwesen gelegt haben, gingen die Angebote der FJM in den staatlich organisierten Sozialstrukturen auf – mit der Folge, dass die von persönlichem Engagement getragene Ehrenamtlichkeit einer bezahlten Professionalität gewichen ist. Trotzdem lebt das vielfältige Erbe der Freundinnen dank des grossen Einsatzes der verbleibenden Compagna-Vereine im 21. Jahrhundert fort.

Dieses Buch erzählt die vielseitige Geschichte der Freundinnen Junger Mädchen in der Schweiz, die sich in einem reichen Archivmaterial spiegelt. Compagna Schweiz hat uns damit beauftragt, Einblick zu geben in diese informative und kostbare Hinterlassenschaft, um eine Grundlage für ein vertieftes wissenschaftliches Weiterarbeiten an einzelnen Themen zu schaffen. Aktueller Anlass dazu gab, dass das Archiv von Compagna Schweiz in die Gosteli-Stiftung – das Archiv zur Geschichte der schweizerischen Frauenbewegung – überführt wurde und die Bestände der Zürcher FJM-Sektion neu im Schweizerischen Sozialarchiv in Zürich liegen. Die Basler Sektion hatte ihr Archiv bereits zu einem früheren Zeitpunkt dem Staatsarchiv des Kantons Basel-Stadt überlassen. Ein weiterer Anlass zu dieser Publikation ist die bevorstehende Auflösung des Dachverbands von Compagna Schweiz im Jahr 2021.

«Das Fräulein vom Bahnhof» ist keine wissenschaftliche Forschungsarbeit. Der Inhalt folgt dem Narrativ der Dokumente, deren Schwergewicht in der Blütezeit des Vereins bis zum Zweiten Weltkrieg liegt. Seit den 1950er-Jahren entwickelte sich die Arbeit der FJM verstärkt in den regionalen Sektionen weiter, was zu einer rückläufigen Bedeutung des schweizerischen Dachverbands führte. So lebt von der einst international ausgerichteten Freundinnenbewegung zum Schutz junger Frauen ein vielseitiges regionales Angebot als wichtiges Erbe weiter.

Esther Hürlimann
Ursina Largiadèr
Luzia Schoeck
März 2021

13 Das Netzwerk
    der Freundinnen

«Erster aller
schweizerischen
Frauenvereine»

Schutznetz gegen den
internationalen Mädchenhandel

Der Grundstein für den Internationalen Verein der Freundinnen Junger Mädchen wurde 1877 in Genf gelegt. Auf die Initiative der britischen Sozialreformerin Josephine Butler schlossen sich 32 Frauen aus 7 europäischen Ländern zusammen. Sie kamen aus Deutschland, England, Belgien, Dänemark, Frankreich, den Niederlanden und der Schweiz, und sie alle verfolgten ein gemeinsames Ziel: «eine Kette um die Erde zu bilden»,[1] um «das alleinreisende und in der Fremde arbeitende Mädchen» zu schützen und aufzuklären.[2]

Als Folge der Industrialisierung und der steigenden Massenmobilität, die dank Eisenbahn und Dampfschifffahrt ermöglicht wurde, war die Welt in der zweiten Hälfte des 19. Jahrhunderts zusammengerückt. Vom Land in die Stadt und ins Ausland, auf Arbeitssuche oder auch als frühe Touristinnen waren junge Frauen zunehmend alleine unterwegs – und liefen Gefahr, so die damalige

«Wir empören uns!» – Die britische Feministin Josephine Butler wurde Ende des 19. Jahrhunderts zur Leuchtfigur im Kampf gegen Prostitution, Mädchenhandel und Doppelmoral.

Formulierung, in die Fänge von Mädchenhändlern zu geraten und
in die Prostitution versklavt zu werden: «Traite blanche nennen die
Franzosen das traurige Gewerbe, das heute eine fast ebenso grosse
Ausdehnung gewonnen hat wie ehemals la traite noire, der Handel
mit schwarzen Sklaven. Unter dem Weissen- oder Mädchenhandel versteht man den gewerbsmässig betriebenen An- und Verkauf
von Frauenpersonen für unsittliche Zwecke. Mitten in unserer
Zivilisation blüht dieser schändliche Handel; in unsern Städten
wohnen, durch unsere Dörfer schleichen, auf unsern Heerstrassen
auteln, in unsern Bahnzügen fahren diese Vampyre der Unschuld,
diese Schlächter jugendlicher Opfer, diese meist schnell reich ge-
wordenen gefühllosesten Ausbeuter menschlicher Schwächen: die
Mädchenhändler und -händlerinnen.»[3]

Diesen Machenschaften wollten die FJM mit ihrem Engagement einen Riegel schieben. In Anlehnung an die Sklavenbe-
freiungsbewegung verstanden die Freundinnen ihr Wirken gegen
Prostitution und Mädchenhandel deshalb auch als «abolitionis-
tisch». Dass der erste internationale Abolitionistenkongress der

Ein Verein stellt sich vor: Von Beginn weg informierten die FJM in Broschüren regelmässig
über ihr Wirken. Hier eine Publikation aus dem Jahr 1889.

Fédération Abolitionniste Internationale, der 1877 im Rahmen einer Nebenveranstaltung zur Gründung der FJM führte, ausgerechnet in Genf stattfand, war dabei keineswegs zufällig: Schliesslich pflegte die Initiantin Josephine Butler enge freundschaftliche Beziehungen mit gleichgesinnten Personen aus der Westschweiz. Bereits 1874 hatte sie die Schweiz ein erstes Mal im Rahmen einer internationalen Vortragsreise besucht. Typisch für die frühe, bürgerliche Frauenbewegung, knüpfte auch das Netzwerk der FJM bewusst an bereits bestehende familiäre oder religiöse Beziehungsgeflechte an.

Kein Frauenverein wie jeder andere

Die FJM entwickelten sich nicht aus einem lokalen Engagement heraus hin zu einem nationalen und internationalen Zusammenschluss, sondern waren vom Kerngedanken her stets international ausgerichtet und «nationalisierten» sich strukturell erst im Lauf der Zeit: Das Netzwerk musste «von Anfang an international

Ab 1886 traten die Lokalkomitees der FJM erstmals als «Schweizerischer National-Verein», der in diesem Jahr gegründet wurde, auf.

sein», konstatierte der Verein anlässlich seines fünfzigjährigen Jubiläums rückblickend. Erst 1886, knapp neun Jahre nach der Gründung des internationalen Werks, schlossen sich die bisher nur lose verbundenen Schweizer Lokalkomitees statuarisch zu einem Nationalverein zusammen.

Neben einer effizienteren Arbeitsweise und der Schärfung der Vereinsidentität brachte die Zusammenfassung der einzelnen Komitees in einem gesamtschweizerischen Nationalverein den FJM auch die Anerkennung der Behörden ein: «1888 wurde ihnen als gemeinnütziger Institution die Portofreiheit gewährt, womit sie als erster weiblicher Dachverband in den Genuss einer indirekten Bundessubvention kamen.»[4] Und obschon die FJM nicht «zu den grossen Frauenvereinen gehörten – 1888 zählten sie 850 Mitglieder, 1894 waren es 1231 –, so erreichten sie doch innert kurzer Zeit öffentliche Anerkennung».[5] Zudem waren die FJM schweizweit der erste Frauenverein, der im Gegensatz zu den zeitgleich entstandenen Frauenvereinen zur Hebung der Sittlichkeit über die Sprachgrenzen hinweg agierte.

Mit sogenannten Empfangskarten, die wertvolle Informationen enthielten, begrüssten die FJM die reisenden jungen Frauen am Bahnhof.

L'union internationale des Amies de la Jeune fille

fut fondée à Genève, au premier congrès de la Fédération en 1877; elle a pour but la protection de toute jeune fille isolée ou mal entourée, quelles que puissent être sa nationalité ou sa religion.

Le siège de la Société est à Neuchâtel (Suisse), Bureau central, Terreaux 11.

Sept comités nationaux travaillent dans leurs pays respectifs; ce sont :

La France	La Suisse
L'Allemagne	La Grande-Bretagne
Les Pays-Bas	La République Argentine
et l'Italie	

L'Union compte 7000 membres répartis en 40 pays divers.

60 BUREAUX DE PLACEMENT dépendent de l'Union.

L'Union a fondé plus de 100 HOMES, SECOURS, CHAMBRES HOSPITALIÈRES.

L'œuvre des ARRIVANTES à la gare est établie dans 24 villes.

—※—

PUBLICATIONS DU BUREAU CENTRAL

1. La *Constitution* de l'Union, en français et en allemand.
2. La *Liste* du Bureau central et des membres correspondants; 16 éditions de cette liste ont paru en 21 années.
3. Le *Livret international*, en français et en allemand, à l'usage des jeunes filles qui s'expatrient, contenant 500 adresses; 12 éditions de ce livret ont paru en 21 années.
4. L'*exposé de l'œuvre*, par Mme Ed. Humbert, de Genève.

AUTRES PUBLICATIONS DE L'UNION

I   Le journal du *Bien public*, organe officiel de l'Union, publié en français, à Neuchâtel.
II. *Anfgeschant, Gottvertraut*, en allemand, à Berne.
III. *Mittheilungen*, publication trimestrielle, à Berlin.
IV. *Go Forward*, en anglais, à Londres.
V.   L'*Amie de la Jeune Fille*, journal mensuel, publié à Neuchâtel depuis 1883, est destiné aux expatriées et compte 3000 abonnées.
VI. La *Liste* des membres des branches *française, allemande, hollandaise, suisse, argentine* et *italienne*.
VII. Les *Livrets* des mêmes pays, plus le *Danemark* et la *Norvège*.

—※—

N.-B. Les pays rose foncé ont un comité national, tandis que les pays en teinte claire dépendent du Bureau central. Les chiffres indiquent le nombre des Amies de la Jeune Fille dans chaque pays.

International zusammengefasst wurde der Verein durch das «Internationale Bureau» am Vereinssitz Neuenburg, dem Wohnort der ersten Nationalpräsidentin Marie Humbert-Droz. Der schweizerische Nationalverein wurde durch das «National-Komitee» repräsentiert, das sich aus den Präsidentinnen und Delegierten der kantonalen Komitees sowie aus Vertreterinnen der Einzelmitglieder zusammensetzte. Die FJM waren also über die Ebenen international, national, kantonal und lokal mehrstufig organisiert.

In der Geschichte der schweizerischen Frauenvereine – und durchaus auch in der Selbstwahrnehmung – nehmen die FJM deshalb eine Sonderstellung ein. Auch der Beitritt zum Dachverband der schweizerischen Frauenvereine, dem Bund Schweizerischer Frauenorganisationen (BFS), der heutigen alliance F, erfolgte durch einzelne Sektionen erst 1925 in der Zwischenkriegszeit und somit vergleichsweise spät; die restlichen Sektionen der FJM schlossen sich dem BFS gar erst 1949 an.

Die Positionierung in der Frauenvereinslandschaft sowie die Selbsteinschätzung der FJM zeigen sich über die Jahre erstaun-

---

7000 Mitglieder verteilt auf vierzig Länder: Im Pariser Weltausstellungsjahr 1900 waren die FJM in sieben Nationalkomitees weltweit aktiv.

lich ambivalent. Und dies, obwohl bereits die Initiantin Josephine Butler egalitäre und frauenrechtlich progressive Forderungen gestellt hatte. Sie gehörte 1867 zu den ersten Unterzeichnenden von John Stuart Mills Frauenstimmrechtspetition in England und war zudem Mitglied in der ersten internationalen Frauenrechtsorganisation der Genferin Marie Goegg-Pouchoulin. Auch Butlers Genfer Bekannte und Mitstreitende, Camille Vidart und Auguste de Morsier, waren prominente Vertreterinnen und Vertreter der Forderung nach rechtlicher Gleichstellung der Frauen und zudem federführend an der Gründung des Schweizerischen Verbands für Frauenstimmrecht beteiligt.

Durchaus selbstbewusst bezeichnete FJM-Präsidentin Julie Lieb die Freundinnen in diesem Zusammenhang in der Zwischenkriegszeit als «ersten aller schweizerischen Frauenvereine». Gleichzeitig sahen die FJM ihr Wirken jedoch als eine im Sinne der christlichen Nächstenliebe «stille, aber aufopferungsvolle und zielbewusste Tätigkeit»,[6] die aus einem «inneren Müssen» entstand. Selbst den Kampf gegen den Mädchenhandel wollten die

---

Wie bereits an der Schweizerischen Landesausstellung 1896 in Genf wurden die FJM auch 1900 an der Exposition universelle in Paris mit der «Goldenen Medaille» ausgezeichnet.

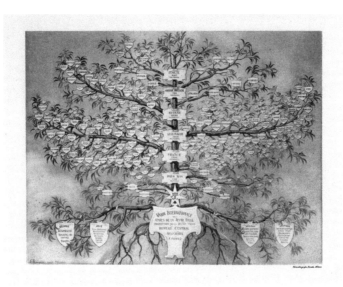

Freundinnen keinesfalls als «aggressiv» verstanden haben: «Unsere Arbeit ist ja nicht ein aggressiver Kampf, sondern wir möchten den Feind aushungern, indem wir ihm die Zufuhr abschneiden.»[7]

Trotz ihres Bedürfnisses nach einem Wirken im Stillen waren sich die FJM von Anfang an sehr wohl bewusst, wie wichtig gerade die Mitbestimmung bei der Schaffung gesetzlicher Rahmenbedingungen für ihre Arbeit war. Denn im deutschsprachigen Raum konnte die abolitionistische und egalitäre Bewegung im Gegensatz zu England, Frankreich oder Italien kaum auf prominente männliche Unterstützung zählen. Folgerichtig gehörte der Verein 1928 einstimmig zu den Unterzeichnenden der Frauenstimmrechtspetition.[8] Darüber hinaus beteiligten sich die Schweizer Freundinnen im Lauf der Jahre unter anderem an den folgenden politischen Eingaben an die Behörden: «Erhöhung des heiratsfähigen Alters auf das zurückgelegte 18. Altersjahr, bestmöglicher strafrechtlicher Schutz für das weibliche Geschlecht, Vertretung der Frau in der Abrüstungskommission des Völkerbundes, Konkordat zur Überwachung der Plazierung [sic!] der

«Ein grosser, kräftiger Baum, unter dessen Zweigen viele Hilfesuchende Schutz finden»: Der für die Weltausstellung in Milano erzeugte Flyer bekräftigte diese Selbstwahrnehmung.

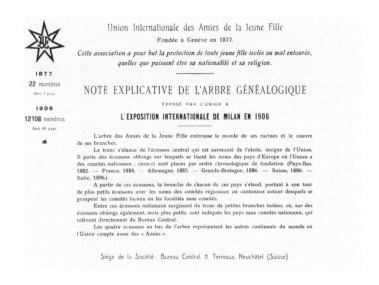

Minderjährigen, Abkommen zur Unterdrückung des Frauen- und Kinderhandels.»[9]

Evangelische Basis, überkonfessionelle Umsetzung

Das soziale Engagement der FJM verstand sich im Grundsatz als kirchliche Diakonie und beruhte auch statuarisch «auf der im Evangelium erhaltenen christlichen Grundlage».[10] Getragen wurde der Verein von protestantischen Kreisen landeskirchlicher Prägung, erste Netzwerke knüpften an bereits bestehende reformierte Wohltätigkeitsorganisationen an. Der Kampf gegen den Frauenhandel wurde gewissermassen «mit Gottes Hilfe» gefochten – programmatisch lautete der Titel des deutschschweizerischen Verbandsblattes *Aufgeschaut! Gott vertraut!* – und auch symbolisch unter Schutz und Schild des Heiligen Michael gestellt. Martha von Bethanien, Drachenbezwingerin und in der Tradition Heilige der Kellnerinnen und Hausfrauen, wurde zur Namenspatronin vieler FJM-Heime.

Tahiti, Japan, Ägypten – das Engagement der 12 108 Mitglieder des Internationalen Vereins der FJM in 46 Ländern beschränkte sich 1906 nicht nur auf den europäischen Kontinent.

Die FJM standen in ihrem Wirken der Inneren Mission nahe. Die Werte, die den jungen Frauen im Rahmen der FJM-Arbeit vermittelt wurden, waren vom Evangelium geprägt: Ein stabiles Glaubensgerüst sollte sie gegen die Fährnisse in der weiten Welt schützen und gleichzeitig gesellschaftsstabilisierend wirken. Im Sinne eines christlichen Sozialismus betrachtete sich das internationale Netzwerk der Freundinnen deshalb auch als Alternative zur sozialistischen Internationalen. Die FJM standen den evangelischen Kirchen nahe, doch strebte der Verein in der konkreten Arbeit einen überkonfessionellen Ansatz an: «Wir sind unabhängig von einer bestimmten Kirche und brauchen keine konfessionelle Bezeichnung im Namen zu führen»,[11] heisst es in den Vereinsstatuten 1938. Die Hilfestellungen und Dienste der FJM sollten allen jungen Frauen unabhängig von ihrer Konfession zur Verfügung stehen.

Die beiden Pole – evangelische Basis und überkonfessionelles Angebot – kamen in den verschiedenen schweizerischen FJM-Sektionen zum Tragen. Bezeichnend für den überkonfessionellen

«[...] ohne Unterschied der Nationalität, der Religion oder des Berufs»: Auch in ihren Statistiken, Plakaten und Broschüren betonten die FJM stets den umfassenden Schutzgedanken.

Ansatz war unter anderem die Zusammenarbeit mit dem entsprechenden christkatholischen Verein sowie mit dem Katholischen Mädchenschutzverein, der heutigen Pro Filia. Die über die Konfessionsgrenzen hinaus stattfindende Zusammenarbeit mit sinnverwandten Schwesterorganisationen führte schliesslich dazu, dass die ursprünglich unter der Bezeichnung «Konfirmandinnentage» eingeführten Informationsanlässe für junge Frauen 1928 in «Jungmädchentage» umbenannt wurden.

Bezüglich der Basis gab es einen beträchtlichen Unterschied zwischen Stadt und Land. Wurde der Verein im Grossstadtraum von der mittleren bis zur oberen Mittelschicht geprägt, waren es in ländlichen Kantonen wie Solothurn primär die reformierten Pfarrfrauen, die als Exponentinnen vor Ort das Netzwerk bis in jüngste Zeit trugen.

Zusammenarbeit ohne konfessionelle Grenzen: Was im 19. Jahrhundert zwischen den FJM und dem Katholischen Mädchenschutzverein begann, besteht in der SOS Bahnhofhilfe bis heute.

Frauennetzwerk der ersten Stunde

Einzigartig und grundlegend für die erfolgreiche Vereinsarbeit
der FJM war es, dass alle Mitglieder aktiv im weltweiten und idea-
lerweise flächendeckend gespannten «Freundinnen-Netzwerk»
mitwirkten. Anders als bei Frauenvereinen sonst üblich, kann-
ten die FJM deshalb während Jahrzehnten nur die Aktivmitglied-
schaft. Obwohl die Mitgliedschaft an einen finanziellen Beitrag
geknüpft war, stand klar die tätige Arbeit, das aktive Engagement
im Zentrum: Qualität statt Quantität lautete das Credo. Eine
Freundin Junger Mädchen zu sein, bedeutete, aktiv an dem für
sie aufgespannten Schutznetz mitzuwirken.

In den ersten Jahrzehnten der Vereinsgeschichte vertraten
die FJM die Ansicht, dass «als tätiges Mitglied nur aufgenommen
werden sollte, wer gewillt ist, die Freundinnenpflicht voll und
ganz zu übernehmen und wer durch zwei Mitglieder empfohlen
wurde».[12] Daher überrascht es nicht, dass der Verein trotz der früh
einsetzenden öffentlichen Anerkennung nie zu den grossen, mit-

---

Passivmitgliedschaften wurden erst 1937 eingeführt. Die Präsidentin der Sektion Zürich, Dora
Wyrsch-Jagmetti, löste Irma de Chambrier-de Bonstetten 1950 als Schweizer Präsidentin ab.

JEUNES FILLES PRENEZ GARDE!
Adresses utiles

JUNGE MÄDCHEN VORSICHT!
Nützliche Adressen

gliederstarken Frauenvereinen zählte. Erst in den Krisenjahren der Zwischenkriegszeit zog man in Erwägung, «nunmehr auch sogenannte Hilfsfreundinnen in unsere Reihen aufzunehmen», welche den Verein als passive Mitglieder ohne weitere Verpflichtungen finanziell unterstützen sollten.

Getragen wurde die alltägliche Arbeit der FJM vom persönlichen Engagement der einzelnen Mitglieder vor Ort. Diese setzten sich aus Überzeugung und Identifikation mit dem Verein für dessen Ziele ein. Viele lokale Werke wurden insbesondere in der Gründerzeit von engagierten Einzelfrauen angestossen, die den FJM häufig ihr Leben lang treu blieben. Ein Blick in die Vereinsakten belegt eine grosse personelle Konstanz. Die Freundinnen blieben dem Verein demnach meist über Jahrzehnte, ja manchmal über ganze Generationen hinweg erhalten: In Lausanne beispielsweise waren der Verein und sein Wirken bis in die jüngste Vergangenheit eng an die Familie Mercier geknüpft. Das Töchterheim in Solothurn wiederum wurde massgeblich geprägt vom Wirken der Schwestern Schweizer, die mit ihrer Arbeit als «Aera Schweizer in

Verschriftlichtes Netzwerk: Die vom Verein gesammelten sicheren Anlaufstellen für junge Frauen im In- und Ausland wurden regelmässig in kleinen Adressbüchlein veröffentlicht.

REISEN - ABREISEN

Wegfahren! Schöner Traum...

Junge Mädchen !

WER wird euch helfen, diesen Traum
zu verwirklichen ?

WER wird euch eine Stelle finden ?

WER wird eure Reise organisieren ?

WIR !

SCHWEIZ. VEREIN DER FREUNDINNEN JUNGER MÄDCHEN

Plazierungsbureau für das Ausland :
ZÜRICH, Gerechtigkeitsgasse 26
Bureau de placement pour l'étranger :
LAUSANNE, Galerie St-François B

BUREAUX — PENSIONS — HEIME

Aarau : Dufourstrasse 16.
Basel : Bureau und Heim, Steinentorberg 14-16.
Bellinzona : Evang. Pfarrhaus.
Bern : Marthahaus, Victoriastrasse 91.
Biel : Bureau und Heim, Kanalgasse 38.
Brig : Bahnhofhelferin, Sennereigasse 16.
La Chaux-de-Fonds : Bureau und Heim, rue Fritz-Courvoisier 12.
Chiasso : Bahnhofhelferin.
Chur : Frau Pfarrer Reber, Loëstrasse 45.
Frauenfeld : Thur. Frauensekretariat, Zürcherstr. 147.
Genève : Bureau et home, place de la Fusterie 2.
Glarus : Evang. Pfarrhaus.
Herisau : Buchonstrasse 19.
Lausanne : Bureau et home, rue du Simplon 2.
Leysin : Entraide sociale, Le Corbelet. Home, Leysin-Feyday.
Locarno : Evang. Pfarrhaus, Muralto.

Lugano : Bureau et home, via Cantonale 14.
Luzern : Bureau und Marthahaus, Vonmattstrasse 52.
Montreux : Home, rue du Port 25, Clarens.
Neuchâtel : Bureau et home, Promenade Noire 10.
Nyon : Bureau et home, rue de la Flêchère 21.
Olten : Bahnhofhelferin.
Romanshorn : Frau Zoss-Brüschweiler, beim Bahnhof.
St. Gallen : Martahheim, Unterstrasse 6.
Schaffhausen : Marthahaus, Schützengraben 9.
Sissach : Bureau, Neuweg 366.
Solothurn : Bureau und Heim, Berntorstrasse 2.
Vevey : Bureau et home, rue du Clos 8.
Winterthur : Metzggasse 2, II St.
Yverdon : Home, rue des Jordils 67.
Zürich : Bureau und Marthahaus, Zähringerstrasse 36.
Zug : Fräulein Bose, Baarerstrasse 44.

Fédération internationale des Amies
de la Jeune fille :

GENÈVE, Quai Wilson 37

LONDRES, M⁽ⁱˢ⁾ Wolfer, Conway Street 31, Fitzroy Square W. 1

PARIS XIVᵉ, Service social pour les Suissesses, rue Hallé 13

UNION SUISSE AMIES DE LA JEUNE FILLE

die Geschichte des Heims eingegangen sind».[13] Die FJM-Präsenz in London war gleichbedeutend mit Rosie Preiswerk, die das «Swiss Hostel for Girls» während Jahren leitete und prägte. Langjähriges Engagement und Mitwirken war auf allen Ebenen die Regel – sei dies in der ehrenamtlich geleisteten Vorstandsarbeit oder als bezahlte Angestellte.

Die Freundinnenliste

Zentrales Arbeitsinstrument der FJM-Arbeit und gleichzeitig ein sichtbares Abbild des Freundinnennetzwerks war die internationale und nationale Mitgliederliste: «Der Mädchenhandel mit seinen unerschöpflichen Geldquellen besitzt bekanntlich in einem sehr umfangreichen Adressbuch ein Verzeichnis der von ihm besoldeten Agenten und Unterhändler der verschiedensten Gattung, mit den mit diesen in Verbindung stehenden Etablissementen, schlimmen Hotels, schlechten Häusern, vor allem der staatlich konzessionierten Prostitutionshäusern in allen Ländern

---

Neben der umfangreichen und sorgfältig gepflegten offiziellen Freundinnenliste wurden wichtige Adressen immer auch in Broschüren und auf Flugblättern veröffentlicht.

Freundinnen-Adressen

Aarau: Hombergstraße 12
Basel: Steinentorberg 16
Bellinzona: Evang. Pfarrhaus
Bern: Bahnhofstübli
Biel: Kanalgasse 36
Brig: Sennereigasse 16
La Chaux-de-Fonds: Rue Fritz Courvoisier 12
Chiasso: Bahnhofhelferin F. j. M.
Chur: Loëstraße 38
Frauenfeld: Thurg. Frauensekretariat, Zürcherstraße 147
Freiburg: Route de Villars 9
Genf: Place de la Fusterie 2
Glarus: Evang. Pfarrhaus
Herisau: Frauen- und Töchterheim zum Lindenhof
Lausanne: Avenue du Simplon 2
Locarno: Evang. Pfarrhaus Muralto
Lugano: Via Cantonale 14
Luzern: Töchterheim, Bundesplatz 3
Montreux: Avenue des Alpes 28
Neuchâtel: Promenade Noire 10
Olten: Bahnhofhelferin, Hardegg 3
Romanshorn: Frau Zoß-Brüschweiler, im Bahnhof
Schaffhausen: Schützengraben 9
Sissach: Neuweg 366
Solothurn: Jungmädchenheim, Berntorstraße 9

St. Gallen: Marthaheim, Unterstraße 6
Vevey: Mlle Gsell, Rue du Clos 8
Winterthur: Metzggasse 2 (Frauenzentrale)
Yverdon: Evang. Pfarrhaus
Zürich: Zähringerstraße 36
Zug: Kantonalpräsidentin F. j. M.

Folgende Länder sind Mitglieder des Internationalen Vereins der Freundinnen junger Mädchen:
Belgien, Dänemark, Deutschland, England, Frankreich, Holland, Italien, Luxemburg, Österreich, Portugal, Rumänien, Schweiz, Tschechoslowakei, Jugoslawien, Algerien, Belgisch-Kongo, Ägypten, Tunesien.
Adresse des Internationalen Bureaus: Neuchâtel, Rue du Seyon 2.

der Welt. Darum haben auch wir Freundinnen Junger Mädchen ähnliche Adressen angelegt, aber nicht zum Verderben, sondern zum Schutze der weiblichen Jugend.»[14]

Um die jungen Frauen vor Ausbeutung zu schützen, bauten die FJM einen Auskunfts- und Vermittlungsdienst auf. Als Basis diente eine Liste, die ständig auf dem aktuellsten Stand gehalten werden musste, wie der Zürcher Jahresbericht für das Jahr 1912/13 konstatierte: «Die Liste ist unser Werkzeug, das blank und in tadelloser Ordnung gehalten das Handwerk unendlich vereinfacht.»[15] Entsprechend hoch war der Stellenwert, der dem korrekten Nachführen der Liste zugemessen wurde. Zuständig für die Pflege der schweizerischen Adressliste war das Nationalsekretariat. Allerdings standen alle Mitglieder in der Pflicht, Mutationen oder Änderungen so rasch wie möglich bekannt zu geben, damit die Liste entsprechend korrigiert werden konnte. Die gedruckte Liste wurde in regelmässigen Abständen neu aufgelegt, die jeweils aktuellsten Änderungen wurden als «Auszug» im Verbandsblatt publiziert und dann von den Mitgliedern in den privaten Listen nachgetragen.

Insbesondere die Adressen der schweizweiten Büros der FJM wie auch verwandter Institutionen wurden regelmässig aktualisiert und in die Prospekte integriert.

Das Führen einer so umfangreichen Liste gestaltete sich als äusserst aufwendiges Unterfangen: «eine geisttötende Arbeit, welche die meisten kopfschüttelnd ablehnen und die doch für unsere so oft in Erkundigungen, Auskünfte und Empfehlungen bestehende Aufgabe so unentbehrlich ist».[16] Die Liste war für die Kernkompetenz des Vereins, das verlässliche Auskunftsnetz, unersetzlich.

Zusammenarbeit mit Schwesterorganisationen, Kirche und Behörden

Das Netzwerk der FJM spannte sich allerdings weit über das eigentliche Freundinnennetz hinaus. Der Verein war zum Schutz der jungen Mädchen auf Mitstreitende in ähnlichen Bereichen sowie auf die Zusammenarbeit mit Institutionen, Ämtern und Behörden angewiesen. Nicht ungewöhnlich war es deshalb, dass Vereinsmitglieder gleichzeitig in weiteren Frauenvereinen mitwirkten – sei es im Rahmen der gemeinnützigen Frauenvereine, der Sittlichkeitsbewegung oder der Jugendfürsorge.

Der symbolische Schutzschild des Heiligen Michael kam auch in den Realien des Vereins zum Ausdruck. Die Brosche diente an den Bahnhöfen als Erkennungszeichen der Mitglieder.

Der Kampf gegen die Prostitution wurde von den FJM insbesondere gemeinsam mit dem Evangelischen Frauenbund der Schweiz (EFS) gefochten. Wie die FJM auch war der EFS im Zuge der Abolitionismusbewegung gegründet worden und verfolgte ab 1901, damals noch unter dem sprechenden Namen Verband Deutschschweizerischer Frauenvereine zur Hebung der Sittlichkeit, eine ähnliche Zielsetzung wie die Freundinnen. Während die FJM ihr Engagement in der Jugendfürsorge jedoch als präventive Arbeit verstanden, kümmerte sich der EFS um bereits «gefallene» junge Frauen. Zahlreiche Freundinnen engagierten sich auch in den Frauenvereinen zur Hebung der Sittlichkeit, bis 1947 teilten sich die beiden Vereine in der Deutschschweiz das Verbandsorgan *Aufgeschaut! Gott vertraut!.*

Darüber hinaus trat die enge Verbindung zwischen den beiden Organisationen auch bei den Liegenschaften immer wieder zutage. So sind Gründung und Betrieb von Heimen und weiteren sozialen Werken um die Jahrhundertwende oftmals auf die Initiative von Frauen zurückzuführen, die sowohl den FJM als

Erste Ausgabe des deutschschweizerischen Verbandsorgans *Aufgeschaut! Gott vertraut!.* Offizielles Organ auf internationaler Ebene war das französischsprachige *Le Bien public.*

auch einem Frauenverein zur Hebung der Sittlichkeit angehörten.[17] Auch das Freizeithaus Walten im basel-landschaftlichen Läufelfingen wurde lange Zeit von beiden Vereinen gemeinsam betrieben.

Unverzichtbar für die flächendeckende Präventions- und Aufklärungsarbeit der FJM war zudem das Netzwerk Kirche. Insbesondere in den Landgemeinden wurden die FJM vor allem von den reformierten Pfarrfrauen getragen. Im Rahmen von «Konfirmandinnentagen» unterstützten sie die jungen Frauen auf ihrem Lebensweg und versorgten sie mit sicheren Adressen in der weiten Welt. Sie informierten die heranwachsenden jungen Frauen über die FJM-Werke und vermittelten Kontakte in die Stadt: «Wir möchten dabei die Töchter mit unseren vielseitigen Werken bekannt machen und ihnen die Gewissheit mitgeben, dass ihnen die Freundinnen jederzeit und allerorts, sei es im In- und Ausland mit Rat und Tat zur Seite stehen möchten.»[18]

Das Netzwerk der Pfarrfrauen war umso wichtiger für den Verein, als es gerade auf dem Land nicht immer einfach war, Mit-

Das Freizeithaus Walten wird noch heute von der Evangelischen Frauenhilfe Baselland betrieben; die FJM-Sektion Baselland nahm lange Jahre daran teil.

glieder zu rekrutieren, wie ein Aufruf im Verbandsorgan 1937 belegt: «Vielerorts herrscht die Meinung, dass der Verein [...] nur noch für die Grossstädte seine Bedeutung habe, weil dort das Bahnhofwerk besteht, Mädchenheime geführt und Konferenzen abgehalten werden. [...] Und doch harren gerade hier vor allem sehr wichtige Aufgaben, ein reiches Betätigungsfeld. Bedenken wir nur, dass das grösste Kontingent unserer Mädchen, die in den Städten ihren Lebensunterhalt suchen müssen, vom Lande kommt. Wie wertvoll für sie, für unser Werk, wenn diese bereits durch eine «Freundin» von dessen segensreicher Tätigkeit unterrichtet sind und in persönliche Beziehung zu ihr treten durften. Hier kann sie geradezu Pionierarbeit leisten.»[19]

Kontakte wurden jedoch bewusst auch über konfessionelle Grenzen hinweg gepflegt. 1896 war in Freiburg der Katholische Mädchenschutzverein, die heutige Pro Filia, gegründet worden, als explizit katholisches Gegenstück zum überkonfessionellen Freundinnenwerk. Im Zuge des Kulturkampfs und der Neubestimmung der Beziehung zwischen Kirche und Staat rund um

Von Fürsorgeeinrichtungen über schriftliche Ratgeber bis zu «Jungmädchentagen»: Die FJM engagierten sich auch für das spirituelle Wohl ihrer Zielgruppe.

Bahnhofhilfe

Aiuto nella stazione

Aide en gare

das Erste Vatikanum im Jahr 1869 hatte sich die schweizerische Frauenvereinslandschaft konfessionell aufgeheizt; katholische Kreise fürchteten um die seelsorgerische Heimatlosigkeit junger arbeitssuchender Katholikinnen in den grossen protestantischen Ballungszentren. Dem überkonfessionellen Ansatz der FJM schien man nicht zu trauen. Nach einigen Anfangsschwierigkeiten arbeiteten die beiden Vereine dann allerdings rasch Hand in Hand – zumindest in den Bahnhofwerken: «Das ‹Bahnhofstübli› wurde gemeinsam genutzt und der Früh- und Spätdienst [...] von unseren Angestellten meist in Vereinbarung mit dem katholischen Bahnhofwerk gemacht, wobei die Vertreterin des katholischen Vereins ganz den einen Dienst übernimmt und diejenige der Freundinnen Junger Mädchen den andern.»[20]

Exemplarisch für den überkonfessionellen Ansatz ist auch die enge Zusammenarbeit der FJM mit den jungen christkatholischen Gemeinden im katholischen Solothurn – eine pragmatische Allianz zweier konfessioneller Minderheiten in der Diaspora. Darüber hinaus waren die FJM auf eine gute und enge

Ehemaliger Flyer der SOS Bahnhofhilfe: Insbesondere an den Bahnhöfen koordinierten die FJM ihre Arbeit von Anfang an mit dem Katholischen Mädchenschutzverein, heute Pro Filia.

bahnhofhilfswerk
pensionen
stellenvermittlung
und auskunftsdienst
klubs

accueil dans les gares
homes
bureaux de placements
et de renseignements
clubs

opera di assistenza
nelle stazione
homes
uffici collocamento
e informazione
clubs

freundinnen junger mädchen
amies de la jeune fille
amiche della giovane

pro filia
association catholique suisse
associazione cattolica svizzera
pro filia

Zusammenarbeit mit den Behörden und Ämtern angewiesen. Nicht nur am Bahnhof, wo das «Einverständnis des Herrn Bahnhofdirektors» sowie der Goodwill der «Dienstmänner» und des vor Ort «stationierten Polizeikomissärs» Voraussetzung für den uneingeschränkten Zugang zu allen Teilen und Räumlichkeiten des Bahnhofs war. Bereits 1928 hatten sich die FJM dem Schweizerischen Verband für Innere Mission und evangelische Liebestätigkeit angeschlossen, und sie waren seit deren Gründung im Jahr 1933 auch Mitglied in der Schweizerischen Arbeitsgemeinschaft für Hauswirtschaftliche Bildungs- und Berufsfragen.[21]

Die Arbeitsfelder der Freundinnen

Das Engagement der FJM war von Anfang an international gedacht. Die konkrete Umsetzung durch die weitgehend selbstständig agierenden Lokalkomitees des Schweizerischen Vereins der Freundinnen Junger Mädchen sollte jedoch den jeweiligen lokalen Bedürfnissen entsprechen: «Den Mitgliedern überliess

Zwei Konfessionen, ein gemeinsames Ziel: Die FJM und Pro Filia geben gemeinsam Werbeplakate für ihre Werke zum Schutz junger Frauen in Auftrag; Plakat aus den 1970er-Jahren.

man es, wie dieses Programm den Verhältnissen gemäss am besten durchzuführen sei.»[22] Die Palette des Engagements der FJM war somit äusserst breit gefächert und umfasste «Bahnhofwerke, Bahnhofheime, Töchter- und Pensionsheime, Auskunfts- und Stellenvermittlungsbüro, Beratungsstellen für auswandernde Mädchen, Kinderheime, Erholungsheime, Strickabende, Näh- und Flickkurse, ‹Sonntagsvereinigungen›, Fürsorgestellen, Asyl für Schutzbedürftige Mädchen, Klubs für junge Mädchen etc».[23] Gemeinsam verstanden sich all diese unterschiedlichen Aktivitäten und Angebote als «Schutzmassnahmen» und «vorbeugendes Mittel gegen den Mädchenhandel».[24]

Das Bahnhofwerk als Herzstück

Der regionale Ansatz der FJM-Arbeit kommt insbesondere in den Bahnhofwerken zum Tragen. Nachdem in Genf vom Internationalen Verein der Freundinnen Junger Mädchen bereits 1877 eine erste, temporäre Form eines «oeuvre des arrivantes»[25] ins Leben

Flyer der Fédération Internationale des Amies de la Jeune Fille mit einer Übersicht der FJM-Aktivitäten: von Publikationen über Stellenbüros und Zimmer bis zur Bahnhofhilfe.

gerufen worden war, wurde dieses ab 1884 am Genfer Bahnhof permanent eingeführt und eine erste Bahnhofhelferin angestellt; 1886 folgte Zürich dem Genfer Beispiel, die Zürcher Helferinnen wurden ab 1889 besoldet.[26] Bis 1913 gab es in den 15 grösseren Bahnhöfen der Schweiz eine meist ständige, anfänglich noch «Hülfswerk der Ankommenden» genannte Bahnhofhilfe.

Der Fokus der Freundinnen auf den Sozialraum Bahnhof wird umso verständlicher, wenn man sich vor Augen hält, wie rasant sich in der Anfangsphase des Vereins das europäische Eisenbahnnetz ausweitete, verdichtete und wie die Eisenbahn das bedeutendste Transportmittel für alle sozialen Schichten wurde. Nachdem Basel als erste Schweizer Stadt 1844 einen Eisenbahnanschluss nach Strassburg erhielt und 1847 zwischen Zürich und Baden die erste Bahnstrecke ausschliesslich auf Schweizer Boden eröffnet wurde, spielte die Schweiz wegen ihrer zentralen Lage schon früh eine wichtige Rolle im europäischen Bahnverkehr. Zunächst verantworteten private Gesellschaften den Schweizer Bahnverkehr, was zu einem erbitterten Konkurrenz-

Die Schweizer Bahnhofhelferinnen waren von Beginn weg an ihrer Brosche erkennbar. Von den ersten Einsätzen in Genf 1877 bis zur einheitlichen Uniformierung vergingen 52 Jahre.

8788   Zürich. Hauptbahnhof. Jnterieur.

kampf und zu Konkursen führte. Das liess die Forderung nach einer staatlich organisierten Bahngesellschaft laut werden. 1902 schliesslich kam es zur Gründung der Schweizerischen Bundesbahnen (SBB), und das schweizerische Schienennetz wurde zu einem der dichtesten auf der Welt mit einer breiten Verästelung in die peripheren ländlichen Regionen ausgebaut. Auch der seit den 1950er-Jahren stark anwachsende Automobilverkehr vermochte die grosse Bedeutung der Bahn in der Schweiz bis heute nicht zu stoppen.

Der Ausbau des Schienennetzes und die Entwicklung der Eisenbahn zum zentralen Transportmittel veränderten die Gesellschaft nachhaltig, wie Hans-Peter Bärtschi und Anne-Marie Dubler in ihrem Beitrag zur Eisenbahn im «Historischen Lexikon der Schweiz» schreiben: «Die Eisenbahnen waren in der Schweiz die grundlegenden Verkehrsträger für die Entwicklung zur Industrie- und Dienstleistungsgesellschaft.»[27] Damit verbunden gewann der Bahnhof als Umschlagplatz von Gütern und Personen eine wichtige Bedeutung als Sozialraum, aber auch als städtebaulicher

Der Zürcher Hauptbahnhof im Jahr 1907: Elf Gleise brachten 25 Jahre nach der Eröffnung des ersten Gotthardtunnels Reisende aus dem In- und Ausland in die Limmatstadt.

Fixpunkt. Lagen die Bahnhöfe ursprünglich am Stadtrand, so rückten sie mit dem Wachstum der Städte immer mehr in deren Zentrum – und wurden so auch zu Magneten des Soziallebens. Auf dem Land symbolisierten sie das Tor zu Welt.

Bis Ende des 19. Jahrhunderts verfügten alle grösseren Schweizer Städte über einen Bahnhof: 1847 Zürich, 1857 Lausanne, 1855 Winterthur, 1856 St. Gallen, 1858 Genf, 1859 Aarau, Luzern und Neuenburg, 1860 Bern und Glarus, 1864 Zug und Biel, um nur ein paar Beispiele zu nennen. Waren diese ersten Bahnhöfe noch kleinräumig und auf die wesentlichen Funktionen wie Perrondächer als Witterungsschutz sowie Empfangs- und Abfertigungsräume begrenzt, «um die disziplinierende Abfertigung von Reisenden mittels Bahnsteig-, Fahrkarten- und Zugführerkontrollen» zu ermöglichen, so kam ihnen Anfang des 20. Jahrhunderts eine immer grössere repräsentative Bedeutung zu. Um den Reisenden einen feierlichen Empfang in grosszügigen Hallen mit Wartsälen, Bahnhofsrestaurants und Geschäften zu gewähren, wurden sie baulich erweitert.[28]

Uniformierte Freundinnen – gut erkennbar an Filzhut, Sternabzeichen und Brosche – nehmen um 1930 an einem Schweizer Bahnhof zwei allein reisende Kinder in Empfang.

In den drei Komfortklassen der Bahnwagen spiegelte sich die breite Nutzung der Eisenbahn durch alle Gesellschaftsschichten. 1956 wurden die ursprünglichen drei auf zwei Klassen reduziert. Bahnhöfe waren seit ihrer Entstehung folglich eine Art Schmelztiegel verschiedener gesellschaftlicher Gruppierungen. In diesem Aufeinandertreffen von Menschen mit unterschiedlichen sozialen Wurzeln und Reisezielen wurde schon früh erkannt, dass insbesondere junge Frauen, die auf Arbeitssuche unterwegs waren, eine ungeschützte Reisegruppe bildeten. Dies wurde neben den Gründerinnen der Freundinnen Junger Mädchen auch von den Initiantinnen und Initianten der Bahnhofsmissionen und weiterer, meist religiös motivierter Vereine wahrgenommen und mit entsprechenden Hilfsangeboten beantwortet.

Als Beispiel sei hier das FJM-Bahnhofwerk Olten erwähnt: Es war von gesamtschweizerischer Bedeutung[29] und entwickelte sich bereits Ende der 1920er-Jahre zum «bedeutendsten Bahnhofwerk der Schweiz».[30] Olten war mit dem Durchschlag des Hauenstein zum Bahnknotenpunkt Schweiz geworden, und die Gründung der

Eine Freundin mit einer Gruppe Kinder am Bahnhof Buchs um 1925: In Buchs entstand 1908 das erste Bahnhofwerk der Sektion St. Gallen, 1910 folgten St. Gallen und Rorschach.

Sektion erfolgte «aus dem erkannten Bedürfnis heraus, dass der grosse Umschlagsbahnhof unbedingt eine den jungen allein reisenden Mädchen behülfliche Beraterin haben müsse».[31] Als «nationale Angelegenheit» wurde das Werk finanziell von der Centralkasse und weiteren Kantonalsektionen mitgetragen und 1930 schliesslich dem Schweizerischen Nationalverein unterstellt.

Der Start des Projekts erwies sich allerdings als nicht ganz einfach. Erst musste eine für den Bahnhofdienst geeignete Person gefunden werden. Voraussetzung war: «Erstens, dass Sie ein Abzeichen trage, das einige unschön und schwerfällig finden; dann dass sie unauffällig, aber sorgfältig gekleidet sei, weder zu elegant, noch zu einfach. Man verlangt von ihr, dass sie ausser ihrer Muttersprache noch eine oder zwei Sprachen spreche, stets guter Gesundheit und heiterer, angenehmer, freundlicher Stimmung sei; ferner über ein feines Taktgefühl verfüge, das ihr ein gutes Einvernehmen mit dem Bahnhofpersonal sichert, ohne mit diesem auf vertraulichem Fuss zu stehen. Mit sicherem Blick soll sie das geringste zweideutige Vorgehen erfassen und über grosse

Eine Bahnhofhelferin kümmert sich 1956 in Zürich um eine junge Frau. Die Aktivitäten der Bahnhofhilfe beschränkten sich damals aber längst nicht mehr nur auf diese Zielgruppe.

Geistesgegenwart verfügen, um komplizierte Fälle rasch zu erledigen.»[32]

Die hohen Ansprüche an die Kandidatinnen waren durchaus berechtigt; aus dem ursprünglich freiwillig geleisteten, gelegentlichen Einsatz ehrenamtlich tätiger Vereinsdamen war ein fixer Dienst geworden. Die Bahnhofsagentin wurde mit dem Ausbau des Bahnverkehrs schon bald zur «unentbehrlichen Beamtin im modernen Bahnhofbetriebe». Die Dienstleistungen der FJM wurden von allen Reisenden in Anspruch genommen. Die Berichte der Bahnhofhilfe lesen sich dann auch gewissermassen als Spiegel des sich wandelnden Sozialraums Bahnhof.

Spektakuläre Rettungsarbeit «aus den Fängen des Mädchenhandels» kam zwar durchaus vor, wie ein Blick in die Berichte der Sektion Zürich zeigt: «Ein ganz unvorsichtiges Mädchen hatte der Einladung eines Mannes auf sein Zimmer gefolgt, wo er ihr Geld anbot. Glücklicherweise wird sie sich der Gefahr bewusst, kann entfliehen und kommt wieder zum Bahnhof, wo sie unserer Agentin die Sache erzählt. Das mittellose Mädchen wird ernstlich

Mehrsprachig, sorgfältig gekleidet, vertrauenswürdig, geistesgegenwärtig, stets heiter und freundlich: Nicht gerade wenig, was 1926 von einer Bahnhofhelferin erwartet wurde.

gewarnt, für die Nacht ins Marthahaus gebracht, wohin dann, auf seine Bitte hin, die Mutter das Reisegeld schickte.»[33]

Im Alltag reduzierte sich die Arbeit am Bahnhof aber häufig auf kleine Hilfestellungen: «Wirkliche Freundinnenarbeit an jungen Mädchen ist oft recht wenig darunter. Manchmal kommt man sich als das reinste Auskunftsbüro und Mädchen für alles vor [...] Da fragt eine Frau nach einem guten Spezialarzt; jemand möchte die Adresse eines tüchtigen Advokaten oder einer unentgeltlichen Rechtsauskunftsstelle haben. Eine Dame steckte mir kürzlich ein Geldstück her mit der Bitte, ihr ein Brötchen zu besorgen, einer anderen kommt im letzten Augenblick in den Sinn, dass sie eine Besorgung vergessen, und bittet mich für sie zu telefonieren.»[34]

Auch nach der Gründung des Katholischen Mädchenschutzvereins im Jahr 1896 wurde die ökumenisch orientierte Zusammenarbeit der beiden Vereine insbesondere an den Bahnhöfen aufrechterhalten: Gemeinsam wurden Plakate herausgegeben, welche die Mädchen in Eisenbahnwagen und an den Bahnhöfen

Die Aktivitäten der FJM an den Schweizer Bahnhöfen wurden von den Medien genauer beleuchtet, so zum Beispiel im Artikel «Grosstadt-Piloten» vom 4. Mai 1949 in unbekannter Zeitschrift.

auf lauernde Gefahren aufmerksam machen sollten. So gestattete 1890 «als erste schweizerische Bahngesellschaft die Jura-Simplon-Bahn in ihren Drittklasswagen das Anbringen von Plakaten, die unerfahrene Mädchen vor Zuhältern und Schlepperorganisationen warnten».[35] Darüber hinaus wurde die Zusammenarbeit mit den Eisenbahngesellschaften und Behörden institutionalisiert, die Bahnhofwerke erhielten innerhalb der Bahnhöfe fixe Lokalitäten zugewiesen und wurden mit Finanzbeiträgen unterstützt.[36]

Über viele Jahre hatten die FJM und der Mädchenschutzverein als Trägervereine ihre Bahnhofdienste ehrenamtlich und unentgeltlich geleistet. Ganz ohne Bargeld konnten sie ihre Arbeit jedoch nicht mehr erledigen. Insbesondere am Bahnhof war das Budget knapp. Neben lokalen Verkaufsaktionen und seit 1927 regelmässig durchgeführten nationalen Sammelaktionen, den «Bahnhofstagen»,[37] hofften die Vereine auch auf Zuschüsse der öffentlichen Hand. Das Bahnhofwerk «als staatserhaltender Faktor» erhob immer mehr auch Anspruch «auf staatliche Subventionen».[38]

Auch in den 1920er-Jahren machten die FJM mit Plakaten in allen drei Landessprachen an Bahnhöfen und in Zugabteilen auf die verschiedenen Tätigkeiten des Vereins aufmerksam.

Gratisdienst

von

COMPAGNA und **PRO FILIA**

 Bahnhofhilfe
Aide en gare
Accoglienza alla stazione

Auch für Sie!

Indirekt konnten die FJM zwar bereits im Rahmen der Portobefreiung von einer gewissen Subventionierung profitieren, wirkungsvolle Entlastung des Budgets brachte aber erst ein 1931 von der SBB zugesprochener jährlicher Unterstützungsbeitrag an die beiden Trägervereine. Für sie auch ein sichtbarer und «wertvoller Beweis», dass die Bahnhofsarbeit auch von Behördenseite als notwendig eingeschätzt wurde. Aus den ursprünglichen Bahnhofwerken entwickelte sich die heute noch an sieben Schweizer Bahnhöfen vorhandene SOS Bahnhofhilfe – ein Dienst, der primär von älteren Menschen und solchen mit einer Behinderung genutzt wird. Dazu gehört an einigen Orten unter anderem ein Aufenthaltsraum, der etwa eine Toilette für Personen mit einer Behinderung, eine Sauerstofftankstelle, eine Rollstuhlausleihe oder einen Platz zum Stillen und Wickeln beinhaltet.

Wie kaum ein anderes FJM-Werk musste die Bahnhofhilfe stets den Läufen der Zeit angepasst werden: Nach der anfänglich geleisteten präventiven Hilfe für junge Frauen, die zu Ausbildungszwecken oder auf der Suche nach Arbeit in die Stadt

Gratis – und gerade deshalb unbezahlbar: Die Dienstleistungen der SOS Bahnhofhilfe werden Reisenden und Unterstützungsbedürftigen seit jeher kostenlos zur Verfügung gestellt.

oder sogar ins Ausland reisten, zum Beispiel nach England oder
Osteuropa, verlagerten sich die Schwerpunkte der Arbeit auf Be-
gleit- und weitere Betreuungsdienste für weitere Zielgruppen wie
hilfsbedürftige Reisende. Nach dem Ersten Weltkrieg veränderten sich die Aufgaben jedoch drastisch. Anstelle der bisherigen
Begleit- und weiterer Betreuungsdienste traten die Truppen- und
Verwundetentransporte während des Kriegs, gefolgt von der Betreuung von Flüchtlingen aus Ungarn und der ehemaligen Tschechoslowakei in den Jahren 1956 und 1968.[39] Bis heute wird das
Hilfsangebot von den einzelnen Bahnhofhilfen laufend den lokalen Bedürfnissen angepasst. So bietet die Bahnhofhilfe in Basel
und Zürich begleitete Kindsübergaben vom einen zum anderen
getrenntlebenden Elternteil an; in Zürich werden Nahrungsmittel eingesammelt und am Folgetag an Bedürftige abgegeben. Ein
weiteres neues Angebot ist die Reisebegleitung, welche von Compagna Ostschweiz (ab 2019 Compagna Reisebegleitung Schweiz)
seit 2006 betrieben wird. Anders als die Bahnhofhilfe, die lokal
tätig ist, vermittelt die Compagna Reisebegleitung schweizweit

Auf dieser Broschüre aus den 1940er-Jahren präsentierten die FJM den Bahnhof als dicht
gedrängten Mikrokosmos.

Freiwillige an Personen mit einer Einschränkung, die für eine bestimmte Reise mit dem öffentlichen Verkehr auf Begleitung angewiesen sind.

Während die Bahnhofhilfe bis heute vor Ort tätig ist, verlor die internationale Zusammenarbeit mit zielverwandten Bahnhofwerken im nahen Ausland nach dem Zweiten Weltkrieg an Bedeutung. Zu ihrem Ende trug 1960 schliesslich die Auflösung des internationalen Vereins der Freundinnen Junger Mädchen bei. Auf Impuls von Pro Filia Schweiz wurde 1994 die Internationale Konferenz der Bahnhofsozialdienste gegründet. Doch die Bahnhofhilfe war in den benachbarten Ländern so heterogen aufgestellt, dass die Konferenz 2017 – auch unter dem Eindruck der neuen Informationsmöglichkeiten im Internet – aufgehoben wurde.

Aus der Bahnhofhilfe resultierte schon bald das Angebot günstiger Unterkunftsmöglichkeiten in Bahnhofsnähe: Diese wurden mit anderen Werken stets auch in Broschüren beworben.

Heime und Pensionen

Neben der Arbeit am Bahnhof gehörten sichere und bezahlbare Unterkünfte für junge Frauen zu den zentralen sozialen Werken der FJM. Die Gründung eines Heims stand daher auf der Prioritätenliste aller Sektionen weit oben: «Ein Heim zu gründen, um alleinstehenden Personen Obdach zu gewähren, mehr noch ein stilles, trautes Heim zu bieten all den jungen verlassenen Mädchen, wäre wohl der Wunsch nicht nur des Vereins, sondern ebenso sehr gemeinnützig denkender Frauen», lautete etwa das Anliegen der Sektion Solothurn.[40]

Die FJM-Heime wollten nicht nur respektable Unterkunft, sondern auch ein «heimeliges» Zuhause sein. Die «Hausmutter» übernahm, wo nötig, auch die Rolle einer wachsamen Ersatzmutter, gewissermassen als Steigerung der hilfreichen Freundin. Damit die jungen Mädchen vom Land, die ihr Elternhaus auf der Suche nach Arbeit oftmals schon im Alter von 14 Jahren verlassen hatten, ohne Aufsicht und mütterliche Fürsorge nicht den städ-

Pensionärinnen um 1925 vor dem Zürcher Marthahaus. Im Haus an der Zähringerstrasse 36, dessen Name ab 1934 ohne «h» geschrieben wurde, befindet sich heute das Hotel Marta.

tischen Versuchungen und Gefahren erlagen, wollten die FJM ihnen in ihren Heimen und Pensionen die nötige sittliche Erziehung zukommen lassen – und ihnen gleichzeitig einen Ort der Geborgenheit bieten.

Die Frage, was denn ein sicherer Hort für Frauen sei, stellten sich die Freundinnen im Lauf ihrer Vereinsgeschichte immer wieder neu. Die zahlreichen Liegenschaften, meist in Bahnhofsnähe, wurden samt ihrem Angebot denn auch stets der Zeit angepasst. So nennt sich zum Beispiel die einstige FJM-Pension an der Lutherstrasse heute – zu Ehren von FJM-Gründerin Josephine Butler – Josephine's Guesthouse for Women. Die Pension richtet sich sowohl an Frauen, die sich in Zürich vorübergehend als Studentinnen, Geschäftsfrauen oder Touristinnen aufhalten, als auch an Frauen, die einen Ort brauchen, an dem sie in einer Notsituation zur Ruhe kommen und sich neu orientieren können.

Der Geist des früheren Töchterheims und der späteren Frauenpension Lutherstrasse durchweht das «Josephine's» insofern noch, als das Guesthouse ausschliesslich für weibliche Gäste

Heimelig eingerichtete Räume wie dieses Einzelzimmer – um 1925, Pension unbekannt – sollten den jungen Frauen ein Gefühl von Sicherheit und familiärer Geborgenheit vermitteln.

UNION INTERNATIONALE DES AMIES DE LA JEUNE FILLE
Bureau de placement — Placierungsbureau

reserviert ist, welche die Zimmer für eine Nacht oder ein paar Monate buchen können. Ausser einem Techniker arbeiten ausschliesslich Frauen dort, sonst gelangen Männer in der Regel nur bis an die Rezeption. Die Lebensgeschichten der im «Josephine's» anzutreffenden Frauen zeugen davon, dass es heute nach wie vor Schutzräume für Frauen braucht. Doch im Gegensatz zu damals wird die Gefahr nicht mehr primär im anonymen öffentlichen Raum verortet, sondern oftmals in Form von häuslicher Gewalt im eigenen Daheim.[41]

Stellenvermittlung

Eng verbunden mit den Heimen war der Stellenvermittlungs- und Erkundigungsdienst der FJM. Um zu verhindern, dass die jungen Frauen auf Arbeitssuche auf Abwege gerieten, legten die Freundinnen grossen Wert auf dieses Angebot. Die Warnung vor dem «traurigen Gewerbe» spielte denn auch in der Öffentlichkeitsarbeit der Freundinnen eine wichtige Rolle: «Mit Entsetzen

Postkarte eines «Placierungsbureaus»: Die FJM-Devise «Orientieren – Beraten – Helfen» aus der Gründungszeit kam besonders in der Arbeit der Stellenvermittlerinnen zum Ausdruck.

hören wir, nach amtlich bestätigten Tatsachen, was für schreckliche Zustände dort gewaltet und welche Unsummen bei diesem traurigen Gewerbe verdient wurden [...] Wirkliche Pionierarbeit leistete damals unser Verein! Vor allem galt es, selber Stellenvermittlungsbureaux zu gründen, wo gewissenhafte Erkundigungen von den Freundinnen über die Familien, wo junge Mädchen platziert werden sollten, eingezogen werden. Auf diese Weise wurde der blühende Mädchenhandel erschwert.»[42]

Galt es auf der einen Seite im Sinne der Prostitutionsprävention zu verhindern, dass die jungen Frauen dem «Mädchenhandel» anheimfielen, war ein weiteres Ziel, diese in eine Umgebung zu vermitteln, in der sie gesittete Verhältnisse vorfanden. Häufig stammten die Stellenangebote aus dem Umfeld der Freundinnen selbst – gutbürgerliche Haushalte, in denen die jungen Frauen einen aus FJM-Sicht moralisch richtigen Lebenswandel kennenlernten und auf ihr Leben als Mütter und tüchtige Hausfrauen vorbereitet wurden. Im Zentrum standen die für die damalige Zeit typischen weiblichen Erwerbsmöglichkeiten

Die ersten FJM-Heime führten meist auch ein integriertes Stellenvermittlungsbüro. Das Angebot stiess auf Anklang: 1952 betrieben die FJM 19 Büros fürs In- und 2 fürs Ausland.

Wegweiser   für die Eltern unserer Englandfahrerinnen

Jährlich reisen über 5000 junge Schweizerinnen nach England. Die Zeit, die sie dort verbringen, sollte ihnen neben der gründlichen Erlernung der Sprache persönliche wertvolle Erlebnisse und Erkenntnisse des fremden Landes schenken.

Leider aber birgt das Ausland trotz allem Schönen viele Gefahren, die nicht unterschätzt werden dürfen. Aus den Berichten der Fürsorgerinnen entnehmen wir, dass viele Englandfahrerinnen «Schiffbruch erleiden».

Wie können wir Eltern unsere jungen Töchter vor Gefahren, die nur zu oft zu bitteren Lebensenttäuschungen führen, bewahren?

Folgende Ratschläge möchten Ihnen Wegweiser sein, zur Vorbereitung und Durchführung eines wertvollen Auslandaufenthaltes Ihrer Tochter.

rund um den Haushaltbetrieb wie Dienstmädchen oder Schneiderin. In diesem Zusammenhang entstanden auch die von den FJM gegründeten Haushaltungs- und Dienstbotenschulen, die um die Jahrhundertwende in diversen Kantonen entstanden. Wobei gut ausgebildetes Dienstpersonal effektiv einem Bedürfnis auf dem Arbeitsmarkt entsprach. Dank ihres internationalen Netzwerks, das früh auch die technischen Möglichkeiten des Telefons nutzte, wurden die FJM zu eigentlichen Pionierinnen einer seriösen und verlässlichen Stellenvermittlung für junge Frauen.

Nach dem Zweiten Weltkrieg verlagerte sich der Schwerpunkt auch dieses FJM-Engagements. Anstelle der Vermittlung von Dienstmädchen kümmerten sich die Freundinnen zunehmend um die Organisation von Au-pair-Stellen im Welschland, im Tessin und später insbesondere in England. Abgezeichnet hatte sich die Entwicklung bereits Ende der 1930er-Jahre mit der Gründung eines eigenen «England-Büros» für Schweizerinnen auf der Suche nach einer Stelle in Grossbritannien.

Neben der Abgabe von Flugblättern und Broschüren diente das «England-Büro» in Bern als Gegenstück zu anderen Privatagenturen, die in Verruf standen, Stelleninserate nicht seriös zu prüfen.

In England unterstützten die schweizerischen FJM die Hafenfürsorge in Folkestone; 1957 wurde unter Mitwirkung der FJM in London das Swiss Hostel for Girls eröffnet. Im angegliederten, bereits 1949 entstandenen Sozialsekretariat, dem späteren Welfare Office for Young People, konnten «junge Schweizerinnen in England Rat und Hilfe in ihren Schwierigkeiten finden».[43] Das Sekretariat ist heute in die Londoner Swiss Benevolent Society integriert, ein analoges «Secrétariat» existierte auch in Paris.[44] Das Engagement der FJM stiess auch in der Schweizer Medienlandschaft auf Interesse. So zeigte sich unter anderem die *Schweizerische Lehrerinnenzeitung* begeistert von der neuen Unterkunftsmöglichkeit für Schweizer Mädchen in fernen englischen Landen: «Gross, hell, fast herrschaftlich anmutend, steht das Hostel da, ein Doppelhaus aus früherer Zeit, aber innen ganz modern eingerichtet, mit einem herrlichen Garten. Fräulein Rosie Preiswerk, die Leiterin, die schon den ganzen Umbau mitgemacht hat, empfängt uns aufs freundlichste, sie zeigt uns die grosszügig angelegten Gesellschaftsräume, das Näh- und Bastelzimmer, das Schreib- und

«[...] im fremden Land ein Stückchen Heimat»: Das Swiss Hostel for Girls am Londoner Belsize Grove bot Schweizer Au-pairs und Reisenden von 1957 bis 1980 eine sichere Bleibe.

Bibliothekszimmer mit den hübschen Möbeln [...]; dann die auf drei weitere Stöcke verteilten Schlafzimmer, sehr praktisch eingerichtet [...], dazu die zahlreichen Badzimmer, Einrichtungen zum Waschen und Glätten für die eigene kleine Wäsche. Fräulein Hagenbuch, die rechte Hand, dipl. Hausbeamtin, führt uns ins Untergeschoss mit Küche, Heizung, Warenlager und dem zweiten Spiel- und Bastelraum [...] Am Sonntag, an den Freitagen, am Abend werden sich die jungen Schweizerinnen einfinden, die in London und Umgebung in Stellung sind [...]; sie können hier auch Gäste beiderlei Geschlechts einladen, von denen es in der Hausregel sehr hübsch heisst, sie seien in allen Gesellschaftsräumen willkommen, aber nicht anderswo!»[45]

Bewusst wurde für das neue Angebot auch nicht der Name «home» gewählt, wie die *Schweizerische Lehrerinnenzeitung* weiter berichtet: «Dass es nicht ‹Heim› heisst, sondern altenglisch gemütlich ‹Hostel› liegt in der Abneigung begründet, welche die heutigen jungen Mädchen gegen jenes Wort haben.»[46]

Ab 1910 betrieben die FJM das Ferien- und Erholungsheim Auboden; 1963 eröffneten sie anstelle des Heims eine Haushaltungsschule für geistig und körperlich behinderte Mädchen.

Freizeitklubs und Ferienheime

Neben den Bahnhofwerken, Heimen, Dienstbotenschulen und Stellenvermittlungsbüros gehörten auch Freizeitangebote wie «Sonntagsvereinigungen» oder später Pfadfinderinnengruppen und Mädchenklubs zum FJM-Angebot. Auch der Bedarf für preisgünstige Erholungsangebote für Frauen wurde früh erkannt. Ein Beispiel dafür ist das Ferienheim Auboden der Sektion St. Gallen: Dieses wurde für «Frauen und Mädchen des arbeitenden Standes» aufgrund einer lokalen Initiative 1911 in Brunnadern im Toggenburg gegründet.[47] Eine passende Liegenschaft wurde dank spendabler Unterstützung von Gönnern aus der St. Galler Stickereiindustrie finanzierbar, den Betrieb ermöglichte die extra dafür gegründete lokale Sektion des FJM-Vereins.

Ähnliche Projekte entstanden im waadtländischen Leysin und im Baselbiet: So war das Freizeithaus Walten in Läufelfingen 1895 in den gemeinsamen Besitz der FJM sowie des «Damencomité zur Hebung der Sittlichkeit» gelangt und diente zunächst

Die frühere Haushaltungsschule in Brunnadern wurde 1995 zur «Ausbildungsstätte Auboden», wo noch bis 2015 lernbehinderte Jugendliche beider Geschlechter ausgebildet wurden.

als Erholungsheim für Frauen. Die Gründung des Heims lässt auch Rückschlüsse auf die zum Teil prekären gesundheitlichen Zustände der jungen Arbeiterinnen im ausgehenden 19. Jahrhundert zu. So heisst es im FJM-Gesamtbericht von 1916: «Der im März 1899 erfolgte Hinschied einer unserer regelmässigen Sonntagssaalbesucherinnen regt in uns den Wunsch, unseren bleichsüchtigen elenden Töchtern rechtzeitig zu einer Erholung in frischer Luft zu verhelfen [...] das freundliche Entgegenkommen der ‹Freundinnen› von Basel-Land ermöglicht es nun, jeden Sommer einige unserer Schützlinge auf dem Walten ob Läufelfingen unterzubringen.»[48] Das Freizeithaus Walten wird bis heute von der Evangelischen Frauenhilfe Baselland an Schulklassen und für Privat- und Firmenanlässe vermietet.

Die von den FJM ins Leben gerufenen Freizeitwerke standen auch in der Tradition der modernen Jugend- und Lebensreformbewegung: Diese propagierte insbesondere im ersten Drittel des 20. Jahrhunderts ein neues Verhältnis von Jugend, Körper und Natur und legte den Fokus zudem auf Verantwortungsbewusstsein

Hinaus in die Natur: Mit Tuch und Wanderstock bewaffnet, begeben sich die Bewohnerinnen des Neuen Töchterheims St. Jakob an der Zürcher Lutherstrasse um 1930 auf Wanderschaft.

**CLUB DES
AMIES DE LA JEUNE FILLE**

23, AVENUE PICTET-DE-ROCHEMONT

**Jeunes
Filles !**

Le Club de Jeunes Filles vous invite très
cordialement à passer vos heures de loisir
dans son local.
Vous y trouverez de la lecture, des jeux,
de la musique, une machine à coudre,
une atmosphère de gaîté et d'entrain, ainsi
que l'occasion de suivre différents cours.

Le Club est ouvert le dimanche et la semaine, dès 14 h.

Pour tous renseignements, s'adresser au local   Tél. 4.43.27

und Kameradschaftsgeist als erzieherische Ziele.[49] Darüber hinaus
sollte das FJM-Freizeitangebot die jungen Frauen auch von den
modernen Vergnügungsorten wie dem Kino oder dem Tanzlokal
abhalten. So schrieb beispielsweise 1929 ein Mitglied der Hauskommission des damaligen Zürcher Marthahofs: «Die Heimlei-
tung gab sich viel Mühe, nebst Bibelstunden auch lustige Veranstaltungen im Hause anzubieten, um die Töchter von auswärtigen
Vergnügungen abzuhalten.»[50] Die Freizeitwerke der FJM sollten
als bewusstes Gegenangebot zur aufkommenden Massenfreizeit-
kultur dienen, durch das insbesondere einsame Mädchen in der
anonymen Grossstadt «an Orte gelockt werden, wo sie Gesellschaft finden, sich ‹lustig machen› können, meistens auf Kosten
ihrer innern und äussern Kraft, ihres Friedens, ihrer Unschuld».[51]

Unterwegs mit der Zeit

1886 gegründet – 2021 noch immer aktiv. Um so alt zu werden,
musste der Verein jung bleiben. Die Bereitschaft zur Selbstrefle-

---

Zu Beginn des 20. Jahrhunderts entstanden in der West- und Deutschschweiz zahlreiche
Klubs: dies nicht zuletzt als Alternative zu «sittengefährdenden» Orten wie dem Tanzlokal.

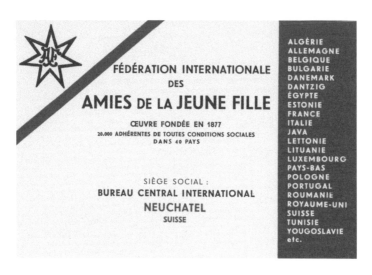

xion, zu Anpassung und Wandel charakterisiert die FJM denn auch seit den Gründungsjahren. In der Tat sah sich der Verein im Lauf seiner Geschichte mit verschiedensten Herausforderungen konfrontiert.

Der Ausbruch des Ersten Weltkriegs 1914 bedeutete für die Freundinnenarbeit eine eigentliche Zäsur. Die Gründungs- und Aufbauphase während der Belle Époque kam zu einem abrupten Ende. Die Vereinstätigkeit wurde «vielfach gehemmt», wie rückblickend an der ersten internationalen Nachkriegskonferenz 1921 festgehalten wurde, und stellte «grosse Forderungen» an die FJM.[52] Insbesondere an den Bahnhöfen und in den Heimen nahm die Arbeit zu: «Flüchtlinge aller Nationalitäten, aus der Fremde heimkehrende Mädchen und ganze Familien suchten Schutz und Unterkunft und nahmen die Hilfe der Freundinnen für ihre mannigfachen Anliegen in Anspruch. Die Erkundigungsarbeit und die zur Nachforschung bestimmten Briefe knüpften die Beziehungen der Freundinnen enger.»[53] Das internationale Netzwerk wurde allerdings trotz Grenzschliessungen nicht gänzlich aus-

1921 wurde der internationale Verein zum «Bund der Nationalvereine». Der neue Name reflektierte die grössere Selbstständigkeit der nationalen Zweige nach dem Ersten Weltkrieg.

STATISTIK FÜR 1914

Zahl der **Mitglieder** des Internationalen Vereins: 16.530 in 52 Ländern.

Nationale Zweige :

	Mitglieder		Mitglieder
Holland	1 020	Schweiz	2 170
Frankreich	2 600	Italien	530
Deutschland	8 970	Dänemark	310
Gross-Britannien	120	Belgien	180

In 44 anderen Ländern der 5 Weltteile zählt der Verein 630 Mitglieder, welche direkt vom Central-Bureau abhängig sind.

Heime und Heimaten, vom Verein gegründet oder sich demselben
anschliessend 518
beherbergen jährlich circa 270.000 junge Mädchen

Stellenvermittlungsbureaux 118
*in London allein wenden sich jährlich 19.000 stellensuchende
junge Mädchen, von 25 verschiedenen Nationalitäten an das
Bureau der Freundinnen.*

Bahnhofwerke 125
helfen jährlich circa 50.000 jungen Reisenden.

Internationaler Ratgeber, Zahl der darin enthaltenen Adressen . 1540
*Büchlein welches allen reisenden jungen Mädchen gratis von
den « Freundinnen » gegeben wird.*

VOM VEREIN HERAUSGEGEBENE BLÄTTER

Le Bien Public, offizielles Organ, Neuchâtel.
Aufgeschaut, Gott vertraut, Bern.   *Il Bollettino,* Rom.
Mitteilungen, Darmstadt.   *Medeelingen,* Utrecht.
La Femme, Paris.   *L'Amie de la Jeune Fille,* Neuchâtel.
Feuille Trimestrielle, Paris.   *Der Stern,* Basel.

AUSZEICHNUNGEN DIE DER VEREIN ERHALTEN HAT :
Goldene Medaille :
Genf 1896, Paris 1900, Lüttich 1905.
Grand Prix :
Mailand 1906, Brüssel 1910, Turin 1911.

einandergerissen, und auch das FJM-«Zentralbureau» in Neuenburg blieb in den Kriegsjahren als wichtiges Bindeglied zwischen den einzelnen Nationen bestehen. Die internationalen Bezüge der FJM verschoben sich allerdings kriegsbedingt auf die nationale Ebene. Der ursprüngliche Fokus auf den sozialen Brennpunkt Bahnhof verlagerte sich nun verstärkt auf die ländlichen Gebiete der Schweiz. Dies drängte die FJM an verschiedenen Orten zur Gründung von Sektionen. Die in diesem Zusammenhang gegründeten Sektionen Solothurn, Wallis und Zug wurden von Nationalpräsidentin Julie Lieb deshalb später auch als «Kriegskinder» bezeichnet.[54]

Die politische Lage hatte auch Folgen für den Internationalen Verein der Freundinnen Junger Mädchen, dessen Mitglieder sich auf nationale Belange beschränken mussten. So wurde der Internationale Verein FJM 1921 zum Bund der Nationalvereine FJM. Dieser strukturelle Wandel hin zu mehr nationaler Eigenständigkeit und Entscheidungskompetenz fiel mit dem ersten grossen Generationenwechsel zusammen: Auf die Vereinspionierinnen

Wie auf diesem Informationsblatt deutlich wird, behielt auch im Ersten Weltkrieg das Bureau Central International in Neuenburg seine wichtige verbindende Funktion zwischen den inzwischen acht Nationalvereinen der FJM.

folgte eine neue Generation von Frauen, und mit Eugénie Dutoit übernahm erstmals eine Akademikerin die nationale Leitung.

Darüber hinaus hatte der kriegsbedingte Sondereinsatz der Frauen die Frauenvereine näher zusammenrücken lassen, die Frauenbewegung gewann neues Selbstbewusstsein und das Selbstverständnis wandelte sich. Nicht zufällig fallen die ersten wichtigen frauenpolitischen Anlässe, allen voran die Schweizerische Ausstellung für Frauenarbeit (Saffa) 1928, auf nationaler Ebene in die Zwischenkriegszeit.

Von der privaten Sozialarbeit zur staatlichen Jugendfürsorge: die Zwischenkriegszeit

Die FJM sahen sich nach dem Ersten Weltkrieg mit sich rasch ändernden sozialen und wirtschaftlichen Rahmenbedingungen konfrontiert: «Auch unsere Arbeit ist mit hineingezogen worden in die allgemeine Wandlung der Zeit.»[55] Die Wirtschaftskrise veränderte auch die Arbeit der FJM, die sich vermehrt auf Fürsor-

Soziale Gegenräume zur modernen Vergnügungskultur: Bereits 1916 waren Freizeitangebote wie Flick- und Nähabende oder Klubs Teil der permanenten Fürsorgeeinrichtungen der FJM.

gefälle ausrichtete. Zudem machte sich der Strukturwandel im Hausdienstsektor empfindlich bemerkbar: Die Arbeit der Stellenvermittlungsbüros verschob sich von der Vermittlungs- hin zur Auskunfts- und Erkundigungstätigkeit.

Die grösste Herausforderung für den Verein brachten jedoch die Umgestaltung und die Entwicklung der Jugendfürsorgelandschaft mit sich: Die Freundinnen Junger Mädchen erhielten Konkurrenz auf ureigenem Gebiet. So hatte sich die seit der Jahrhundertwende rasch wachsende Frauenbewegung die Jugendfürsorge als eine der dringenden und zentralen Aufgaben auf die Fahnen geschrieben; entsprechenden Stellenwert nahm das Thema am Schweizerischen Frauenkongress 1921 ein. Weit bedeutender als die Konkurrenz aus den eigenen Reihen war aber die neue staatliche Jugendfürsorge, die sich in der Zwischenkriegszeit rasch etablierte. Die neu gegründeten öffentlichen Institutionen bedeuteten nicht nur für die FJM, sondern für den gesamten Sozialbereich als traditionell weiblichem Arbeitsfeld eine ganz neue Situation.

Für Körper, Geist und Seele: Das Freizeitangebot der FJM umfasste neben Aktivitäten in der Natur auch Nachmittage bei Spiel und Musik sowie «nützliche» Sprach- und Nähkurse.

VEREIN
FREUNDINNEN JUNGER MÄDCHEN
SEKTION AARGAU

Jahresbericht 1956/57

Die Frage nach dem Verhältnis zwischen der neuen staatlichen und tendenziell männlich geprägten Fürsorge und der traditionell privaten, vornehmlich weiblichen Fürsorge war ein viel diskutiertes Thema. Die FJM verteidigten ihre Position betont kämpferisch. Journalistin Elisabeth Zellweger, Präsidentin des Bundes der Frauenorganisationen und spätere Redakteurin des Verbandsorgans *Aufgeschaut! Gott vertraut!,* äusserte den Vorwurf, die Männer wollten sich den Frauen im sozialen Bereich in den Weg stellen und sie in eine zudienende Position abdrängen: «[...] überall tritt der Mann ihr in den Weg in dem [...] Wunsch, dass sie [...] ihm überall die Leitung überlasse, dass sie zwar die Arbeit tue, aber unter seiner bewährten Führung, als seine gehorsame Magd».[56]

Eines der wichtigsten Postulate der Jugendfürsorgeentwicklung war der Ruf nach einer Professionalisierung des Sozialwesens. Die neuen männlichen Mitspieler auf diesem Gebiet monierten den angeblichen «Dilettantismus» der privaten Frauenvereine. Doch um Professionalität bemüht waren die Frauen

Die kantonalen Sektionen dokumentierten ihr Schaffen schon früh in Jahresberichten und Statistiken. Dies auch, um ihren Anspruch auf staatliche Unterstützung zu legitimieren.

Die Freundinnen junger Mädchen stellen sich vor . . .

auch selbst, wie die Gründung «Sozialer Frauenschulen» deutlich macht. Auch die FJM sahen sich in der Pflicht: «Es werden Kurse für Missionare, für Lehrer und Lehrerinnen, Tagungen für Anstaltsleitende organisiert; warum soll unser Bahnhofwerk der Freundinnen da im Rückstand bleiben?»,[57] heisst es 1926 im Verbandsorgan. Ab 1927 fanden sich dann in regelmässigem Turnus die Mitarbeiterinnen der einzelnen FJM-Werke zu Tagungen und Weiterbildungen zusammen.

Frühe Professionalisierung

Professionalisierung war für die Freundinnen Junger Mädchen kein grundsätzlich neues Phänomen. Obwohl die Arbeit zu einem grossen Teil ehrenamtlich als Freiwilligenarbeit geleistet wurde, zeichnete sich bereits in den Gründungsjahren eine Professionalisierung im Sinne einer Verberuflichung und Standardisierung ab. Im Lauf der Zeit entwickelte sich die Arbeit der FJM zu einer professionellen sozialen Dienstleistung. Während die Vorstands-

Diese Broschüre erschien Anfang der 1970er-Jahre. Gleichzeitig wurde das neue Logo mit dem wachsamen Auge eingeführt.

arbeit bis heute ehrenamtlich geleistet wird, entstanden in vielen Bereichen der FJM-Werke neue Tätigkeitsfelder mit professionellen Arbeitsbedingungen. Auch in den FJM-Heimen, die anfänglich oft noch von Diakonissen geleitet wurden, entstanden bezahlte Arbeitsplätze.

Gerade am zentralen Wirkungsort Bahnhof ergab sich der Schritt in die Professionalisierung zwangsläufig. Die Präsenz am Bahnhof musste fahrplandeckend sein, was nur durch besoldetes Personal geleistet werden konnte. Zudem mussten die FJM-Agentinnen als solche erkennbar sein, und dies möglichst überall auf die gleiche Art. Einheitliches Auftreten und Vorgehen waren am Bahnhof unerlässlich. 1929 dann konnten die Schweizer Bahnhofsagentinnen dank einer «ungenannten Wohltäterin» einheitlich uniformiert werden: «Ein grauer Mantel mit roten Passebols und Knöpfen, die das Sternabzeichen tragen, ein schwarzer Filzhut, ebenfalls mit Sternen versehen, eine weiss-rote Armbinde, mit der Aufschrift ‹Bahnhofsdienst›, die internationale Brosche bilden nunmehr das deutliche Kennzeichen unserer Agentinnen.»[58]

Der Auftritt der FJM war häufig von einzelnen Mitgliedern geprägt. Während in der Zwischenkriegszeit die Basler Freundin Frl. Eckenstein die Medienspezialistin war ...

Pensionen

Preiswerte und gemütliche Zimmer mit oder ohne Pension für jung und alt

Das Beispiel machte Schule: In der Folge wurden nach schweizerischem Vorbild auch die Agentinnen in weiteren Ländern einheitlich eingekleidet. Die Uniformierung verlieh der Bahnhofsagentin ein zusätzliches Gewicht im Auftreten und unterstützte ihren Handlungsspielraum. Als Bahnhofhelferin, die auch äusserlich als solche zu erkennen war, galt man als eine angesehene Persönlichkeit.

Das Zusammenwirken im internationalen Netzwerk und der Austausch mit den Behörden machten früh die sorgfältige Dokumentation der eigenen Arbeit wie auch die Weiterbildung zur vereinsinternen Pflicht. Das Führen korrekter Statistiken war als Kontrollinstrument für den Verein selbst relevant, noch mehr aber um den Anspruch auf staatliche finanzielle Unterstützung zu rechtfertigen.[59] Der Verein nahm hier Entwicklungen vorweg, die mit dem sich etablierenden, institutionalisierten Sozialwesen zur Norm erklärt wurden.

Die neu entstehenden staatlichen Fürsorgeangebote wurden von den FJM denn durchaus auch als Konkurrenz und als

... zeichnete mit der Künstlerin Rose-Marie Joray für Konzeption und Illustration der Broschüre zu den diversen FJM-Aktivitäten ebenfalls eine Baslerin verantwortlich.

Stellenvermittlung In- und Ausland

für Volontärinnen, Praktikantinnen, Haushaltlehr-
töchter und Au-Pair
Eine gute Stelle ist Vertrauenssache
Unsere Büros sorgen für eingehende Information und
bleiben in Kontakt mit den Töchtern und ihren Arbeit-
gebern

Verdrängung aus einem altangestammten Terrain verstanden. Gerade im Bereich der Jugendfürsorge nahmen die FJM für sich eine Pionierrolle in Anspruch: «Unser Verein war der erste, der Jugendfürsorge und speziell den Schutz für junge Mädchen sich zum Ziel gesetzt hat.»[60] Fürsorge- und Öffentlichkeitsarbeit gingen bei den FJM schon früh Hand in Hand. Seit jeher waren die FJM auf öffentliche Bekanntheit und eine schlagkräftige Werbung in eigener Sache angewiesen. «Propaganda und Reklame» galten deshalb als unerlässliches «zweites, nicht weniger wichtiges» Standbein des Vereins und dienten gleichzeitig zu Mitglieder-werbe- und Mittelbeschaffungszwecken wie auch für Warn- und Aufklärungskampagnen.

Die neue Konkurrenz auf dem Gebiet der Jugendfürsorge forcierte allerdings das öffentliche Auftreten. Nach dem Ersten Weltkrieg rückte die Öffentlichkeitsarbeit der FJM deshalb stärker in den Fokus: «Die Freundinnen haben in den letzten Jahren lernen müssen, aus ihrer Zurückgezogenheit heraus zu treten», konstatierte die *Schweizerische Lehrerinnenzeitung* Ende 1928. Das

Stellenvermittlung im In- und Ausland: Während die Inlandbüros von den kantonalen FJM-Sektionen getragen wurden, waren die Auslandbüros direkt dem Zentralvorstand unterstellt.

Mittagstische

Für Schüler, Lehrlinge und Studenten preisgünstige
Mittagessen in behaglichen Räumen

stille, wohltätige Schaffen allein reichte nicht mehr, um für die
Freundinnensache zu werben. Im Zeitalter von «Propaganda und
Reklame», so hielt Nationalpräsidentin Eugénie Dutoit 1925 fest,
war es auch für das erfolgreiche Wirken der FJM unumgänglich,
sich auf «moderne» Weise bemerkbar zu machen: «Die helfende
Hand, die sich da entgegenstreckt, winkt nicht auffällig genug,
und der Verein, der jahrelang in der Stille gearbeitet hat, muss
‹modern› werden, heraustreten an die Öffentlichkeit mit seinem
Wirken.»[61] «Wohl wissen wir, dass ganze Arbeit nur in ausharren-
der Kleinarbeit ohne marktschreierische Begleitung getan wird.
Soll aber diese Arbeit ihren eigentlichen Zweck erfüllen und weitere Kreise unserer jungen Mädchen fürsorgend erreichen, so
muss sie sich auf bemerkenswerte Art kundtun.»[62]

Sich öffentlich zu positionieren, war für die Freundinnen
zwar nicht neu. Als internationales Netzwerk nutzten die FJM
früh schon die Plattformen der Weltausstellungen, um ihr noch
junges Werk einem internationalen Publikum bekannt zu machen. Auf nationaler Ebene beteiligten sich die Freundinnen an

Die Mittagstische konnten sich unter den FJM-Freizeitwerken am längsten halten: Noch 1986
gab es vier davon im Aargau, zudem den Basler «Träffpunkt Lienert» und den Mittagsklub
Bern.

Verschiedene Tätigkeitsgebiete wie

Haushaltungsschule Auboden in Brunnadern
(Kanton St. Gallen)
für lern- und körperlich behinderte Mädchen

Auskunftsstelle Ehen mit Orientalen in Basel
Kostenlose Informationen über Lebensbedingungen
und rechtliche Stellung der Frau in entfernteren Ländern und Arbeitsmöglichkeiten des Mannes in der
Schweiz

Freizeitheim Walten ob Läufelfingen (Baselland)
für Gruppen,
Kurse usw.

der Landesausstellung 1914 in Bern sowie an der «Landi 39» in Zürich. Doch die Beteiligung an den Landesausstellungen war primär fürsorgerischer Natur, das grosse nationale Ausstellungsprojekt der Freundinnen war die Saffa 1928. Die erste Schweizerische Ausstellung für Frauenarbeit in Bern wurde von Nationalpräsidentin Eugénie Dutoit explizit zur «Propagandaplattform» für die Freundinnen- und Frauensache erklärt: «Die Schweizerische Ausstellung für Frauenarbeit [...] verlangt [...] von sämtlichen Mitbeteiligten einen gesteigerten Arbeitswillen und eine intensive Anspannung aller Kräfte. Diejenigen aber, die nicht direkt mitarbeiten, haben auch eine Pflicht zu erfüllen: sie stellen sich spontan in den Dienst der Propaganda, dadurch dass sie bei Freunden ebenso wie bei Fernstehenden und bisher Gleichgültigen eine freudige Erwartung schaffen.»[63]

Auf dem Ausstellungsgelände in Bern warb ein FJM-«Musterheim» in Form eines heimeligen Chalets für die häufig unsichtbare Freundinnenarbeit. Damit diese Arbeit weiterhin ihre volle Wirkung entfalten konnte, mussten die Werbemassnahmen der

Breit gefächertes Angebot: Neben Haushaltungsschule und Freizeitheim sticht vor allem die von den Basler FJM 1970 gegründete Beratungsstelle für Ehen mit Orientalen ins Auge.

FJM im medialen Wandel der Zwischenkriegszeit dem Zeitgeist angepasst werden. Ergänzend zu den bisherigen Kommunikationsmitteln in Form von Referaten, Informationsveranstaltungen, Druckerzeugnissen und Plakaten versuchten die FJM neu gezielt alle verfügbaren Werbekanäle zu bespielen.

Die FJM entwickelten sich in der Folge zu eigentlichen Pionierinnen in Sachen Öffentlichkeitsarbeit, die sich zielgerichtet der jeweils aktuellsten Medien bedienten: War in den 1920er-Jahren noch das «Lichtbild» das Werbemittel erster Wahl, so wurde in den 1930er-Jahren das Radio aktuell. Im Herbst 1932, nur ein Jahr nach der Gründung der Landessender, stellte das Nationalkomitee in einer «Plauderei» im Radiostudio Basel die FJM-Bahnhofwerke über den Äther vor. Es war aber insbesondere das Medium Film, das sich im Kinozeitalter als geeignetes Mittel erwies, «um den Jungen das, was wir ihnen geben wollen, so zu geben, wie es ihnen zusagt und gefällt».[64]

Das neue Medium erwies sich als äusserst erfolgreich. 1928 lancierten die FJM für die Saffa ihr erstes Filmprojekt «Jungmäd-

Der für die Saffa gedrehte Kurzspielfilm «Eine Freundin in der grossen Welt» wurde 1958 uraufgeführt. Für Regie und Drehbuch waren Kurt Früh und Hans Mehringer verantwortlich.

chenschicksale». Anlässlich der «Landi 39» entstand unter dem
Titel «Françoise» ein zweiter FJM-Film. Die schweizerisch-niederländische Co-Produktion war in der Schilderung einer versuchten Verführung für den damaligen Zeitgeist offenbar zu explizit,
sodass der Streifen in den Niederlanden als zu freizügig verbo-
ten wurde. Die Saffa 1958 in Zürich bot schliesslich Anlass zum
dritten Filmprojekt «Eine Freundin in der grossen Welt». In den
1960er-Jahren wurde dann zunehmend das Medium Fernsehen
aktuell. So widmete beispielsweise die RTS-Sendung «Madame
TV» am 6. September 1969 eine Folge der Freundinnenarbeit an
den Schweizer Bahnhöfen.[65]
   Die FJM nahmen auf vielen Ebenen Entwicklungen vorweg,
die im sich etablierenden, institutionalisierten Sozialwesen später zur Norm erklärt wurden. Pionierinnen waren die FJM insbesondere in der professionellen Dokumentation ihrer Arbeit. Das
Zusammenwirken im nationalen und internationalen Netzwerk
sowie der Verkehr mit den Behörden machten diese unerlässlich.
Trotz des grossen ehrenamtlichen Engagements und spendabler

Knapp 16 Minuten lang präsentierte der von Gloriafilm Zürich produzierte Imagefilm «Eine
Freundin in der grossen Welt» von 1958 mit Musik von Walter Baumgartner die Aktivitäten
der FJM im modernsten Medium der Zeit.

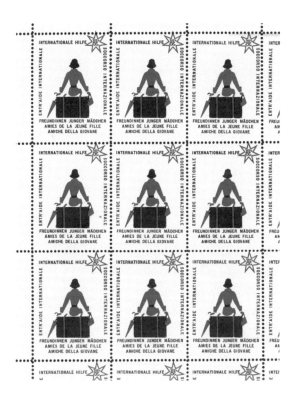

Zuwendungen aktiver oder ehemaliger Vereinsmitglieder konnten die FJM ihre Arbeit nicht ohne zusätzliche finanzielle Mittel leisten: Liegenschaften mussten erworben und erhalten, Löhne für Angestellte bezahlt, Drucksachen finanziert, das Porto für die umfangreiche Korrespondenz aufgebracht werden.

Insbesondere am Bahnhof war das Budget knapp – die Dienstleistungen wurden hier ganz bewusst unentgeltlich geleistet, die Tarife in den Heimen und der Stellenvermittlung ebenso bewusst tief, sprich kostendeckend, angesetzt. Mitgliederbeiträge spielten für den verhältnismässig kleinen Frauenverein bis in die 1930er-Jahre für die finanzielle Basis der Vereinsarbeit lediglich eine untergeordnete Rolle. Es waren vielmehr Gönnerbeiträge, Spenden, Legate, geäuffnete Fonds, Bazars und konzertierte lokale und nationale Sammelaktionen insbesondere an den Bahnhöfen, womit die FJM, wie so viele frühe Frauenvereine, höchst erfolgreich die nötigen Barmittel generierten.

Zusätzlich bemühten sich die FJM deshalb schon früh und durchaus selbstbewusst um Zuschüsse der öffentlichen Hand.

Portobefreiung, Spenden und Subventionen: Öffentlichkeitsarbeit, Korrespondenz, Löhne und Liegenschaftsunterhalt konnten aus Mitgliedsbeiträgen allein nicht finanziert werden.

Was
erwartet
mich
in
England?

Der Erfolg dieser Bemühungen zeigte sich nicht nur in der 1888 vom Staat zugesprochenen Unterstützung in Form der Portobefreiung, sondern auch im jährlichen Unterstützungsbeitrag, den die SBB bis heute an die SOS Bahnhofhilfe zahlt. Basis für diese positive Einschätzung war nicht zuletzt eine offensive Informationspolitik des Vereins, sprich eine wirksame Öffentlichkeitsarbeit.

Aufbruch nach dem Zweiten Weltkrieg

Nach dem Zweiten Weltkrieg verlagerte sich der Schwerpunkt des FJM-Engagements erneut. Die Vermittlung von Dienstbotenstellen wurde zunehmend von Erkundigungsdiensten für Mädchen auf der Suche nach Au-pair-Stellen in der Romandie und in Grossbritannien abgelöst. Auch der Strukturwandel im Hausdienstsektor akzentuierte sich, die Hausarbeit wurde technisiert. Neu stemmte die «elektrische Hausfrau» der Wirtschaftswunderzeit den Haushalt ohne personelle Hilfe – Waschmaschine,

FJM-Ratgeberbroschüren für Englandreisende enthielten neben Tipps, Kochrezepten und Wetterhinweisen auch warnende Artikel mit Titeln wie «Bitte, verlieben Sie sich nicht!».

Au-pair

Auslandstellenvermittlung

Wählen Sie
- **Sprachen lernen im Sprachgebiet**
- **neuen Kulturen begegnen**
- **Freundschaften schliessen**
- **selbständig werden**

FJM vermittelt Au-pair-Stellen in
England
Kanada
Frankreich
Spanien
Italien

Verein
Freundinnen
junger
Mädchen

Während Ihres Aufenthaltes
- haben Sie Gelegenheit,
  Sprachschulen zu besuchen
- steht Ihnen bei Bedarf
  lokale Betreuung zur Verfügung

Weitere Auskunft erteilt
Stellenvermittlung FJM
Zeltweg 21a
8032 Zürich
Dienstag – Freitag von 10.00 – 13.00 Uhr
Telefon 01 / 252 44 34

Kühlschrank, Gefriertruhe, Staubsauger und Mixer wurden erschwinglich, «das bisschen Haushalt» liess sich, so suggerierte zumindest die Werbung, «nun ganz von allein machen», allenfalls unterstützt von einer wöchentlichen Zugehfrau.

So sahen sich auch die FJM in ihrem Auftrag, junge Frauen auf ihrem Weg ins Erwachsenenleben zu begleiten, mit immer neuen Themen konfrontiert, altgediente Engagements waren plötzlich nicht mehr zeitgemäss. Ferienheime für erwerbstätige Frauen in den Schweizer Bergen etwa gerieten in der Wirtschaftswunderzeit aus der Mode – Rimini und das Meer waren für breite Schichten erschwinglich geworden. Das Ferienheim Auboden im Toggenburg wurde deshalb 1963 zur Haushaltungsschule für lernbehinderte Mädchen, das Ferienheim Walten im Baselbiet zu einem «Freizeitheim mit Selbstbedienung» umgestaltet.[66]

Die FJM wussten, dass sie sich dem Wandel der Zeit anpassen mussten, um mit ihrem Wirken aktuell zu bleiben und ihre Zielgruppe, die jungen Mädchen, nicht im Vornherein abzuschrecken – sei es durch Überbetonung des «kirchlichen Schildes»[67]

England, Frankreich oder gar Kanada? Ab den 1950er-Jahren beschäftigten sich die FJM-Auslandbüros in Lausanne und Zürich hauptsächlich mit der Vermittlung von Au-pair-Stellen.

oder einen allzu erzieherischen und bevormundenden Ton in ihren Heimen und Pensionen. So überrascht es nicht, dass Fragen wie «Sind die FJM noch zeitgemäss? Braucht es die FJM noch – und wenn ja in welcher Form?» in der Nachkriegszeit einmal mehr an Bedeutung gewannen: «Man ersieht [...], wie mit allem, was sich heute wandelt, sich der Aufgabenkreis der Freundinnen junger Mädchen in den letzten Jahren geändert und erweitert hat.»[68]

Die Frage nach einem zeitgemässen Sinn und Zweck des Vereins zieht sich denn auch wie ein roter Faden durch die Vereinsgeschichte. 1971 heisst es dazu in der *Solothurner Zeitung:* «Waren es früher die jungen Mädchen, die man vor allem auf Reisen betreuen und ihnen Unterkunft und überprüfte Arbeitsstellen im Welschland, Tessin oder im Ausland verschaffte, so kümmern sich heute die Freundinnen ganz allgemein um das Wohl der jungen Mädchen und probieren, sie auf dem heute so schwierigen Weg zum Erwachsenwerden ein wenig zu begleiten.»[69] An den noch immer regelmässig durchgeführten «Jungmädchentagen» sollten deshalb auch Themen aufgegriffen werden, «welche die heutigen

Welschlandjahr im Wandel: Die von den FJM Waadt 1982 gegründete Sprachschule La Variante umfasste weniger Haushaltsarbeit und mehr Französischunterricht, dazu nach Wahl Englisch, Jazzdance oder Vorbereitung aufs PTT-Examen.

Jugendlichen besonders umtreiben: Alkohol, Geld, Rauschgift, Partnerwahl, Arbeitsmilieu, Traumwelt, Wünsche».[70]

Die Arbeit am Bahnhof wandelte sich: In einem Sitzungsprotokoll ist denn auch die Rede von einer generellen Rollenveränderung der Bahnhofhelferin und einer «Hinwendung zum Sozialen».[71] Diese Entwicklung beschreibt auch ein Zeitungsausschnitt von 1975: «Die hilfreichen Damen mit der rot-weiss-gelben Armbinde [...] betreuen nicht nur Töchter. [...] Sie beraten auch Passanten, begleiten Invalide zum Zug, schicken durchgebrannte Halbwüchsige ins Elternhaus zurück, lassen erschöpfte Reisende sich in ihrem Stübli ausruhen, nehmen sich hilfloser Fremdarbeiter an, hüten Kinder, führen Erkrankte ärztlicher Hilfe zu, besorgen notfalls auch die Ambulanz usw.»[72]

Der Weg ins neue Jahrtausend

Seit dem Zweiten Weltkrieg suchte der Verein auf allen Ebenen schrittweise eine neue Ausrichtung. Auf organisatorischer Ebene

Der siebenzackige Stern diente seit 1899 als Symbol und Erkennungszeichen der Freundinnen Junger Mädchen: Er findet sich auf Broschen, Stempeln und diversen FJM-Publikationen.

war der Internationale Bund der FJM 1960 aufgelöst worden. Der Schweizerische Verein der FJM schloss sich darauf dem Christlichen Verein Junger Frauen, der Young Women's Christian Association (YWCA) an. Damit erhofften sich die FJM, den Zugang zu internationalen Netzwerken zu bewahren. Obwohl die Arbeit beider Vereine auf christlicher Grundlage fusste, waren die Tätigkeiten der FJM mehr praktisch, diejenigen der YWCA mehr missionarisch ausgerichtet. Aus diesem Grund gingen die beiden Vereine ab 1983 offiziell wieder getrennte Wege.[73]

An der Präsidentinnenkonferenz im November 1997 wurde eine Arbeitsgruppe bestimmt, die sich mit der Zukunft des Vereins befassen sollte. «Ein über 100-jähriger Verein braucht von Zeit zu Zeit eine Auffrischung. Mit einem verstaubten Auftritt und einem altjüngferlichen Namen vergrault man nicht nur die Sponsoren und Kunden, sondern kann auch gegen aussen nicht mehr glaubhaft auftreten», lautete damals das Fazit – wie sich Suzanne Gut erinnert, die damals die FJM-Sektion St. Gallen als Präsidentin vertrat. 15 Sektionen, von denen einige eine Bahnhofhilfe

Im Lauf der Jahre ging die Bedeutung des FJM-Sterns vergessen. Dieser wurde deshalb ab den 1970er-Jahren mit dem Logo des wachsamen Auges ersetzt.

führten, zählte der schweizerische Dachverband Ende des letzten Jahrtausends noch: Aargau, Basel-Landschaft, Basel-Stadt, Bern, Biel, Genf, Graubünden, Luzern, St. Gallen, Solothurn, Tessin, Waadt, Wallis, Winterthur und Zürich.

Eine detaillierte Lagebeurteilung aufgrund einer Umfrage bei den Sektionen ergab folgendes Bild: Die Mitgliederzahlen nehmen ab, die Platzierungen von Au-pairs sind rückläufig, das Vermögen der Sektionen schmilzt. Einzig bei der Bahnhofhilfe war die Entwicklung positiv. Ferner zeigte die Umfrage, dass die Mehrheit der Sektionen der vorgeschlagenen Strategie mit dem Grundkonzept «Reisen und Ausbildung» zustimmte. Damit fokussierte der Verein auf die Erweiterung des Angebots bei der Au-pair-Stellenvermittlung, auf die Erhaltung und Weiterentwicklung der SOS Bahnhofhilfe sowie auf den Aufbau der neuen Dienstleistung Reisebegleitung.

Das neue Logo mit dem Menschen in Bewegung brachte diese Strategie ab 1999 zum Ausdruck. Der neue Name «Compagna» – die Begleiterin auf Reisen und in der Ausbildung – war zudem in

Mit dem Namenswechsel der FJM zu Compagna war es 1999 erneut Zeit für ein neues Logo. Begleitet wird dieses nun vom Slogan «Compagna – bewegt Menschen».

allen Landessprachen verwendbar und repräsentierte weiterhin das Element einer weiblichen Begleitperson.

Schon damals stellte die Arbeitsgruppe jedoch fest, dass ein neuer Name und ein neues Logo ein langfristiges Weiterleben des Vereins nicht sicherstellen konnten. Erforderlich wären tiefgreifende Veränderungen in fast allen Sektionen gewesen. Diese Entwicklung bewahrheitete sich in den folgenden Jahren. Der Vorstand dachte daher bereits 2004 daran, den Dachverband aufzulösen.

Die kantonalen Sektionen von Compagna reduzierten sich im neuen Jahrtausend fortwährend bis auf noch sechs. Neben dem Sozialraum Bahnhof widmeten sie sich verschiedenen gesellschaftlichen Brennpunkten und passten ihr Angebot, aber auch ihre Strukturen der Zeit an. Bei dieser Hinterlassenschaft kommt der über all die 135 Jahre gebliebene regionale Ansatz des Freundinnennetzwerks zum Tragen. Compagna Schweiz hinterlässt im Jahr seiner Auflösung 2021 ein breit gefächertes Angebot, das aus der dezentralen Struktur des Freundinnennetzwerks gewachsen

Mit frischem und sich stets wandelndem Design versuchten die FJM, sich dem Zeitgeist anzupassen und neue Generationen anzusprechen.

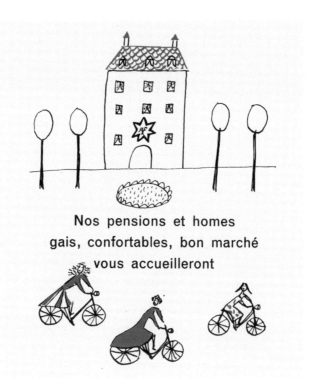

Nos pensions et homes
gais, confortables, bon marché
vous accueilleront

und mancherorts in neue Trägerschaften überführt worden ist. Es spiegelt das regionale Wirken der Vereine und erweist sich als stabiles und wichtiges Erbe für die Zukunft.

Hinter dem sich wandelnden Erscheinungsbild veränderten sich auch das Angebot und die Strukturen. Der Bahnhof blieb das Herzstück. Doch darüber hinaus entwickelten sich regional unterschiedliche Schwerpunkte.

79 Das christlich-
diakonische
Verständnis der
Freundinnenarbeit

«In starker
Vereinigung und
auf des Herrn
Kraft gestützt»

Das ideelle Fundament des Vereins

Das Grundanliegen des Freundinnennetzwerks entstand nicht primär in kirchlichen Kreisen. Vielmehr waren es Juristen, Sozialreformer und Ärzte, die sich anfänglich in England und schliesslich auch auf dem Kontinent gegen das liberale Bordellgesetz von 1864 stellten, weil sie in der Prostitution ein «Symptom des Zerfalls der bürgerlichen Ordnung» sahen und sich gegen die sexuelle und rechtliche «Versklavung» junger Frauen engagierten.

Die Umsetzung dieses Anliegens fand jedoch im Geiste der damals bereits etablierten christlichen Jugendfürsorge statt, die sich je nach Sichtweise als «mutigen Akt der Nächstenliebe» lesen lässt oder als «religiös verbrämte Sozialdisziplinierung» betrachtet wird, wie etwa von der renommierten Schweizer Historikerin Beatrix Mesmer in ihrem frauengeschichtlichen Standardwerk «Ausgeklammert – Eingeklammert».[74]

Die Bekämpfung von Prostitution und Frauenhandel hatte von Beginn weg also zwei Dimensionen: eine christlich-morali-

Diakonissen spielten bei der Leitung der FJM-Pensionen eine wichtige Rolle. Zum Diakoniewerk Neumünster bestand vonseiten des Zürcher Vereins eine enge Verbindung (Foto um 1925).

sche auf der einen und eine emanzipatorische auf der anderen Seite, wobei in der Freundinnenbewegung über viele Jahrzehnte Uneinigkeit darüber herrschte, wie sehr sich die Prävention primär an einer christlichen Ethik oder an den Zielen der Gleichberechtigung, wie Ausbildung und politische Rechte, orientieren sollte. Dieser Konflikt spiegelt sich jedoch generell in den Anfängen der Frauenbewegung. So kümmerten sich gemäss Mesmer die ersten überregionalen Frauenverbände in der Schweiz, zu denen auch die 1877 gegründeten Freundinnen Junger Mädchen gehörten, immer auch um die «Hebung der öffentlichen und privaten Sexualmoral».[75]

Sittlichkeits- und Frauenbewegung waren also nur schwer voneinander zu trennen. Dass in der historischen Forschung insbesondere in der Schweiz die Freundinnen Junger Mädchen bis in die 1980er-Jahre nicht als Teil der Frauenbewegung betrachtet wurden, lag auch daran, dass man die Sittlichkeitsvereine insgesamt als christliche Wohlfahrtsorganisationen wahrnahm.

Das Buchzeichen mit dem Erzengel Michael soll junge Frauen unterwegs daran erinnern, dass sie von einem göttlichen Schutzschild gegen das Böse begleitet werden.

'Le but
de la Fédération
Internationale des
Amies de la Jeune
Fille est d'aider les
jeunes filles par ses
**œuvres des gares
et des ports,**
qui accueillent les
voyageuses, par ses
**bureaux
de placement,**
qui assurent les
meilleures garanties
dans la recherche
d'une situation, par
**ses homes,
ses foyers
et ses clubs,**
qui offrent le vivre
et le couvert à des
prix modérés et des
récréations variées.
Les Amies visitent
les jeunes filles
malades et leur
viennent en aide.

Protestantische Herkunft der ersten
Protagonistinnen

Die Gründerinnen der Freundinnen Junger Mädchen gehörten
dem protestantischen Bürgertum an. Sie betrachteten ihre soziale
Arbeit als «Diakonie», das heisst als christlich tätige Nächstenliebe und selbstverständliche Christenpflicht.

Die erste Präsidentin des schweizerischen Zweigs der FJM,
Marie Humbert-Droz (1819–1888), war die Tochter eines Theo-
logen, der sie selbst unterrichtete und in ihrem geistigen Weltbild prägte. Verheiratet war sie mit Aimé Humbert-Droz, einem
politisch engagierten Uhrmacher, der zu den Mitgründern des
schweizerischen Uhrenverbands gehörte und dessen politische
Laufbahn ihn bis in den Ständerat führte. Marie Humbert-Droz
arbeitete als Erzieherin in Holland und war Gründerin der Mäd-
chenerziehungsanstalt La Ruche in Neuenburg.

Die Kombination von politischem, wirtschaftlichem und
christlich motiviertem sozialem Engagement war typisch für die-

Die Rückseite des Buchzeichens erinnert daran, dass nebst dem göttlichen Beistand des
Schutzpatrons auch die irdische Unterstützung des Freundinnennetzwerks zur Verfügung
steht.

se erste Generation der FJM-Trägerschaft. Zwar verstanden ihre Protagonistinnen die Mädchenarbeit als «überkonfessionell», doch entsprang dieses soziale Engagement unverkennbar dem neutestamentlichen Gebot der Nächstenliebe. Ihr soziales und öffentliches Handeln sahen sie als Auftrag Christi. Aus diesem sozialen Umfeld der einflussreichen protestantischen Oberschicht sind nicht nur die FJM, sondern zahlreiche Vereine entstanden, die sich sozialer Anliegen annahmen – wie etwa die in der Antialkoholbewegung organisierten Frauenvereine.

Beatrix Mesmer und andere Historikerinnen stehen diesen Anfängen der FJM kritisch gegenüber, da die ursprüngliche Freundinnenidee, nämlich die Abschaffung frauendiskriminierender Prostitutionsgesetze und die Befreiung von sexueller Ausbeutung, in einen christlich-moralischen Rigorismus geführt habe, der letztendlich nicht eine Gleichberechtigung der Geschlechter anstrebte, sondern eine Festigung des patriarchalen Rollenverständnisses und eine Hinführung zu bürgerlicher Tugendhaftigkeit, Keuschheit und Sittenstrenge der jungen Frauen.

Gemeinsamer Gesang und die Betrachtung eines Bibelabschnitts gehörten zum fixen Bestandteil der Freizeitangebote, wie hier um 1925 vermutlich im Marthahaus Zürich.

Die Damen aus der bildungsbürgerlichen Oberschicht sahen es als ihren Auftrag, junge alleinstehende Frauen vor den Versuchungen des Bösen zu bewahren, sie präventiv mittels Missionierung auf den richtigen Weg zu bringen und sie als Dienstboten in sittenfeste Haushalte zu integrieren. Prostitution war in ihren Augen ein Unterschichtsphänomen, dem man bei den «gefallenen Mädchen» mit Repression begegnen musste. Für sie wurden Mädchenasyle und Mädchenherbergen eingerichtet, wo «Unzuchtverdächtige» mit strikter Hausordnung «kaserniert» wurden.

Den Teufel an die Leinwand malen: In Kurt Frühs FJM-Film «Eine Freundin in der grossen Welt» von 1958 kann sich die junge Frau den Avancen des Mannes von Welt nur knapp entziehen.

Gefallene Mädchen

Als «gefallenes Mädchen» wurde in bürgerlichen Kreisen bis ins 20. Jahrhundert hinein eine junge Frau bezeichnet, die ihre Jungfräulichkeit verloren hatte, ohne verheiratet zu sein, und dadurch von den vorherrschenden Moralvorstellungen abwich. Im weiteren Sinne wurden damit auch Frauen bezeichnet, die sich auf sonstige Weise ausserhalb der Wertvorstellungen der bürgerlichen Gesellschaft bewegten.

Für solche junge Frauen, die nicht den Moral- oder Rechtsvorstellungen der Kirchen beziehungsweise ihrer Familien oder der Gesellschaft entsprachen, wurden Heime und Anstalten eingerichtet. Das Spektrum dieser Einrichtungen war breit. Die einen hatten den Charakter von Strafanstalten, andere verstanden sich als Anlaufstellen für in Not geratene Frauen. Meist standen sie unter der Leitung von Diakonissen oder kirchlich geprägten Organisationen, in denen die jungen Frauen längere Zeit «Aufnahme und Vorbereitung für ein neues, geordnetes Leben» fanden. Derartige Institutionen dienten auch der Verhinderung von Prostitution.

Nebst dem christlich motivierten Engagement für «gefalle-

Für die Schweizerische Landesausstellung 1939 drehte der Genfer Filmemacher Jean Brocher 1938 im Auftrag der FJM «Françoise», einen Stummfilm über die Geschichte einer jungen Frau.

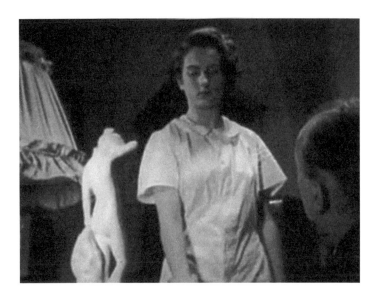

ne Mädchen» nahmen sich Ärztinnen der unehelichen Mütter an. Ein Beispiel dafür ist der 1908 in Zürich gegründete «Inselhof». Daraus entstand die Maternité Triemli, eine moderne Geburtsklinik mit sozialpädagogischen Angeboten für Mutter und Kind.

Der Anteil unehelicher Geburten lag um 1900 schweizweit bei fast 18 Prozent. Viele ledige Mütter gerieten unfreiwillig in die Prostitution oder sie unternahmen lebensgefährliche Versuche, illegitime Kinder abzutreiben.[76]

Die schweizerisch-niederländische Co-Produktion «Françoise» wird in Holland nicht gezeigt: Die filmische Darstellung ist den holländischen FJM zu freizügig und zu explizit.

Die Rolle der evangelischen Gesellschaften

Es wäre jedoch zu einseitig, die Motivation der Freundinnenarbeit nur in der Bekämpfung der Unsittlichkeit respektive der Sozialdisziplinierung zu sehen. Daher ist es interessant und wichtig, das geistige Umfeld zu verstehen, in dem das Freundinnennetzwerk entstand.

Die heute weitgehend professionalisierte verstaatlichte soziale Fürsorge und Pflege war bis zur Entstehung der grossen Sozialversicherungen und staatlichen Institutionen Mitte des 20. Jahrhunderts fast ausschliesslich privat organisiert. Über viele Jahrhunderte lagen Krankenpflege, Bildung, Erziehung und weitere soziale Anliegen in den Händen der Klöster und der kirchlich geführten Institutionen wie Spitäler und Schulen. Dieser gesellschaftliche Dienst am Menschen basierte auf dem biblischen Gebot der Nächstenliebe und ist ein zentraler Bestandteil des christlichen Glaubens. Das soziale Handeln nach den Grundsätzen der christlichen Ethik etablierte sich als Diakonie (griech. Dienst)

Der christliche Feiertagskalender spielte eine wichtige Rolle bei den Freizeitaktivitäten, wie hier anlässlich eines Krippenspiels im Töchterheim an der Jakobstrasse in Zürich um 1930.

bereits im Urchristentum. Diakonissen und Diakone nahmen sich der sozialen Aufgaben in der Gemeinde an. Dieser Auftrag erlebte in der protestantischen Kirche im 19. Jahrhundert einen Aufschwung im Zusammenhang mit der neupietistischen Erweckungsbewegung und der sogenannten Inneren Mission.

Die Absicht dahinter: Als Gegenkonzept zum aufkeimenden Frühsozialismus strebte die neupietistische Bewegung eine Rechristianisierung der Gesellschaft an, welche die im Zuge der Industrialisierung entstandenen sozialen Gegensätze abmildern und sozialpolitische Reformen durch eine bessere materielle Absicherung der unteren Bevölkerungsschichten unnötig machen sollte. Die Erweckungsbewegung ist als konservativer Modernisierungsprozess der Gesellschaft zu verstehen, woraus zahlreiche bis heute existierende soziale Einrichtungen hervorgingen. Die grössten Zentren dieser protestantischen Erneuerung in der Schweiz waren Basel und Genf, die beide aufgrund der Verankerung ihrer Protagonistinnen und Protagonisten in der bürgerlichen Elite auch überregionalen Einfluss nahmen und die finan-

Von einem Engel sicher geführt: Die Kunstbeilage der Mädchenzeitschrift *Der Stern* zu Weihnachten. Die Zeitschrift vermittelte über vierzig Jahre «Beiträge in Poesie und Prosa».

zielle Basis zahlreicher Werke ermöglichten. In Basel bildete die
1780 gegründete Christentumsgesellschaft den Ausgangspunkt
nicht nur für theologische Richtungskämpfe, sondern auch für
eine Reihe missionarischer, pädagogischer und karitativer Organisationen, wie etwa 1815 die Basler Mission. Und vom Genfer
«Réveil» gingen Impulse aus, die nicht nur die protestantischen
Kirchen in den Nachbarkantonen erreichten, sondern auch
Frankreich und sogar die Niederlande und Grossbritannien.

Ein wesentlicher Faktor spielten dabei die Evangelischen Gesellschaften, die sich sowohl in der städtischen als auch ländlichen Gesellschaft etablierten und die sich in der Inneren sowie
Äusseren Mission, in der Gemeinschaftspflege (Gründung von
Minoritätsgemeinden in Zürich), im Verlagswesen und in sozialen Werken (Anstalten, Spitäler, Diakoniewerken) engagierten.
Die Gründerinnen und auch späteren Protagonistinnen der FJM
gehörten diesem neupietistischen Milieu an.

Diakonissen waren am Aufbau des Freundinnennetzwerks stark beteiligt. Sie stellten ihr
Leben aus christlichem Glauben heraus in den Dienst der Diakonie.

Martahaus

Zähringerstrasse 36
Zürich 1
Telephon 2 45 50

HEIM DER
FREUNDINNEN JUNGER MÄDCHEN
SEKTION ZÜRICH

Martha, die Schutzpatronin der Freundinnen

Die Heime der FJM wurden in Anlehnung an die biblische Figur der Heiligen Martha, die Schutzpatronin der Hausfrauen, Dienstmädchen und Kellnerinnen, oft «Martha-Heime» genannt – so auch in Zürich, wo die Lokalsektion selbst bis 1921 die Bezeichnung «Martha-Verein» trug. Dieser Name war auch Programm. Denn die Heime und Pensionen waren weit mehr als nur eine günstige und sichere Unterkunft. Sie sollten ein Zuhause sein nach dem Vorbild des «christlichen Familienlebens».[77]

Die von Diakonissen geführten Wohngemeinschaften wurden denn auch als «Heimfamilie» bezeichnet. Die Heimleiterin verstand ihre Rolle als «Hausmutter» mit erzieherischen Aufgaben. Das Zusammenleben in den «Martha-Heimen» regelte eine Hausordnung, die in allen Zimmern angeschlagen war und den christlichen Gründungsgeist des Freundinnennetzwerks zum Ausdruck brachte. Kirchgang und Abendandacht waren zumindest in den Pionierjahren der FJM fester Bestandteil des Heimlebens.

Die Freundinnenheime waren nach der biblischen Figur Martha, der Schutzpatronin der Hausfrauen, Dienstmädchen und Kellnerinnen, benannt.

Herzliche Einladung in den

| **Töchterklub** | Spitalgasse 26   2. Stock

Täglich geöffnet von 14 bis 22 Uhr, ausgenommen Samstags.

Telephon 2 88 86

Gemütliche Aufenthaltsräume

für Töchter aller Berufe. **Unentgeltliche** Gelegenheit zu angenehmer und
nützlicher Freizeit-Anwendung (Handarbeiten, Schreiben, Lesen, Spielen Singen).

Gegen bescheidenes Kursgeld:
Französisch-, Deutsch-, Englisch- und Italienisch-Stunden.

Bibelkurs, Strick- und Nähkurse. Gelegenheit zur Benützung von Klavier,
Nähmaschine, Schreibmaschine und Glätteeinrichtung.

Wir laden Sie herzlich ein!   **Die Freundinnen junger Mädchen.**

Christliche Freizeitfürsorge zwischen Innerer Mission und modernem Leben

Das christlich-diakonische Verständnis der Freundinnenarbeit spiegelt sich in verschiedenen Tätigkeitsfeldern. Der Schutzgedanke wurde sowohl physisch-räumlich verstanden als auch psychisch-geistig. Es sollte den jungen Frauen in der Freizeit etwas geboten werden, «was Seele und Leib nötig» hatten.[78]

Wie aus dem ersten Gesamtbericht des «schweizerischen Zweiges des internationalen Vereins der Freundinnen Junger Mädchen» für die Jahre 1886 bis 1916 hervorgeht, entstanden bereits in den Gründungsjahren in verschiedenen Kantonen Freizeitwerke für die dort ansässigen Dienstmädchen, Ladentöchter und Arbeiterinnen.[79] Eine wichtige Rolle spielten dabei «Sonntagsvereinigungen» und «Mädchenklubs». Die oft sehr jungen Frauen, die in den Städten fern von ihren Familien ein spärliches Auskommen verdienten, hatten meist nur am Sonntag einige Stunden zur freien Verfügung. Ihnen wollten die Freundinnen in

Ein Programm nach dem Motto «Was Leib und Seele nötig hat». Das Freizeitangebot des FJM-Töchterklubs sollte die jungen Frauen von weltlichen und politischen Aktivitäten abhalten.

«Sonntagssälen» und «Sonntagsvereinigungen» respektive «Sal-
les du dimanche» und «Réunions du dimanche»[80] «einen Ort der
Geborgenheit in heimeliger Atmosphäre»[81] verschaffen.

Obwohl die FJM ihre Arbeit immer wieder betont überkonfessionell darstellten – im Sinne von offen auch für Katholikinnen –,
wurde die evangelische Basis des Vereins in der sittlich-religiösen
Ausrichtung der angebotenen Freizeitwerke deutlich spürbar.
Das Programm für einen Sonntagnachmittag im Marthahaus Zürich lautete zum Beispiel: «Die erste Stunde vergeht unter Gesang
und Betrachtung eines kleinen Bibelabschnittes, dann wird der
ganzen Mädchenschar Tee und Brot gereicht, und hernach entweder vorgelesen oder allerlei altbekannte geistliche oder Volkslie-
der gesungen, Spiele, zuweilen auch ein Spaziergang gemacht.»[82]
Das Angebot schien bei den jungen Frauen schweizweit auf Interesse zu stossen: «[...] im Sonntagssaal stellten sich die Besuche-
rinnen in stets grösserer Zahl ein, so dass wir uns genötigt sahen,
1895 wieder einen zweiten Saal in Klein-Basel zu eröffnen. Sechs
bis acht Leiterinnen sind nun jeden Sonntag in den beiden Lo-

Für einmal von den Freundinnen bedient werden, statt als Dienstmädchen andere bedie-
nen: junge Frauen am Esstisch bei Kaffee und Tee anlässlich der Sonntagsvereinigung in
Zug um 1925.

kalen beschäftigt. Zuerst wird gesungen, dann ein Bibelabschnitt gelesen und besprochen, und nach dem einfachen Abendbrot gespielt.»[83]

Das Freizeitprogramm der FJM verstand sich auf der einen Seite als christliche Antwort auf die drohende Vereinnahmung der Dienstmädchen durch den aufkommenden Sozialismus, wie die Mitgründerin der Zürcher FJM-Sektion, Emma Schneeli-Berry, anlässlich eines Referats 1892 deutlich machte: «Die Lösung der sozialen Frage ist ganz und gar in unsere Hände gelegt. Indem wir uns in praktischer Weise mit der Heranbildung der mittellosen weiblichen Jugend beschäftigen und ihr alle uns zufallenden Liebesdienste erweisen, zeigen wir, dass wir auf christlich-sozialem Wege der heidnisch sozialen Aufreizung unserer Tage, die sich auch an unser Geschlecht herandrängt, allen Ernstes entgegen treten wollen. Wir werden ohne Aufhebens und leere Phrasen beweisen, dass die christliche Frau die Not und die «Schäden der Armut kennt und begreift, und dass sie wünscht, in starker Vereinigung mit Gleichgesinnten und auf des Herrn Kraft gestützt,

Nebst Kaffee und Kuchen gibt es auch Raum für Spiel und Spass. Junge Frauen erholen sich von den Strapazen des Arbeitsalltags am Sonntagnachmittag bei den FJM in Zug (um 1925).

nach besten Vermögen die Schäden zu heilen und die Not zu steuern.»[84]

Vor allem aber sahen die Freundinnen in ihrem Angebot die bessere Alternative zur damals im Entstehen begriffenen und als Bedrohung der moralischen Sittlichkeit wahrgenommenen Freizeitkultur. So sollten in den FJM-Heimen die jungen Frauen mit einem attraktiven Abendprogramm von neuen Orten der Massenvergnügung, wie beispielsweise dem Kino, ferngehalten werden: «Allzu häufigem Kinobesuch wird am wirksamsten dadurch entgegenzuwirken sein, dass im Heim etwas geboten wird, das den jungen Pensionärinnen Freude macht, z. B. Lederarbeiten, Schneidern, Stricken, unter Umständen in Form von Kursen unter sachkundiger Leitung, damit die Mädchen auch wirklich etwas dabei lernen können.»[85]

Dieses Freizeitangebot passte offenbar nicht allen Mitgliedern. Insbesondere wurde der Vorwurf laut, die Mädchen würden damit zu sehr verwöhnt.[86] Dem wurde vonseiten des Vorstands in eloquenter Weise entgegnet: «Der Begriff des Verwöhnens ist

Schneidern und Sticken als Kontrastprogramm zu Kinobesuch und Tanzabend. Die FJM verstanden ihr Angebot auch als Alternative zu einer aus ihrer Sicht problematischen Freizeitkultur.

Wir laden Sie
herzlich ein zu
unserem bunten
Fastnachtsabend
am Dienstag 23. Febr.
20³⁰ Uhr

Das Fastnachtkomitee vom Marthahaus

eben ein relativer: das Bieten dessen, was uns zu Seele und Leib nöthig ist, das ist unseres Erachtens kein Verwöhnen.»[87] Auch wurde als Rechtfertigung angebracht, dass die jungen Frauen in ihrer «oft sehr vereinsamenden Stellung» und wegen «gefährlicher Umgebung und Bekanntschaften» Gefahr laufen, «an Orte gelockt zu werden, wo sie Gesellschaft finden und sich auf Kosten ihrer inneren und äusseren Kraft, ihres Friedens, ihrer Unschuld unterhalten». Gemeint waren beispielsweise die «sich mehrenden Tanzplätze».[88] Das Programm musste also eine gewisse Attraktivität beinhalten, damit es den jungen Frauen eine einladende Alternative bot. Denn wie in den Berichten immer wieder durchsickert, konnten sich nicht alle jungen Frauen mit der christlichen Ausrichtung des Angebots identifizieren: «Nach dem Nachtessen findet die kurze Abendandacht statt. Religiösen Bedürfnissen gerecht zu werden, die eigentlich in vielen Fällen gar nicht vorhanden sind, und für welche die meisten recht wenig Zeit übrig haben, ist freilich nicht leicht. Schrecken doch schon viele Töchter von vornherein davor zurück, in ein Heim

Wenn auch in geschlossenem Rahmen, das Festen kam nicht zu kurz. Einladung mit originellem Sujet zum Fastnachtsabend im Marthahaus (undatiert).

einzutreten, wo Andachten, ja sogar gelegentlich Bibelstunden abgehalten werden.»[89]

Die FJM waren überzeugt, dass «ein lebendiges Gotteswort» gerne aufgenommen würde, «wenn der Geist und nicht der Buchstabe waltet. Denn Hauptsache ist, dass in jungen Menschenherzen eine Sehnsucht geweckt werde nach einem höheren göttlichen Leben».[90]

Von der Andacht zum Ferienangebot

Waren die Freundinnen im Bereich der christlich ausgerichteten Freizeitwerke in der Jugendfürsorge Pionierinnen, so mussten sie ihr Angebot dem Wandel der Zeit anpassen, wollten sie für ihre Zielgruppe attraktiv bleiben. So war das Engagement der Freundinnen fast leitmotivisch stets auch von den Fragen begleitet: «Sind die Angebote noch zeitgemäss? Wie viel Religion darf es sein?», wobei bei diesen Fragen keinesfalls Einigkeit herrschte.

Die FJM kamen nicht darum herum, ihr Freizeitangebot dem Zeitgeist anzupassen, wollten sie für die Jugend attraktiv bleiben. Theateraufführung im Töchterheim Jakobstrasse in Zürich um 1930.

Die bedeutende Frauenrechtlerin und Mitinitiantin zahlreicher progressiver Frauenorganisationen, Emma Steiger, beschreibt die Entwicklung der Jugendfürsorge mit Blick auch auf die FJM im Jahr 1950 wie folgt: «Während diese Einrichtungen noch stark fürsorgerisch-bewahrenden Charakter hatten, verschob sich der Schwerpunkt seit dem Ersten Weltkrieg auf die Selbsttätigkeit der Jugend.»[91]

Im Gegensatz zur stark sittlich-religiös geprägten und sozialdisziplinarisch ausgerichteten Freundinnenarbeit der Gründungszeit lässt sich im Lauf des 20. Jahrhunderts eine zunehmende Verschiebung des Fokus in Richtung Selbstorganisation und Selbsterziehung feststellen. Anstelle von geführten Veranstaltungen, die dem moralischen Zweck dienten, «auf die Gefahren und Versuchungen» aufmerksam zu machen, traten Mädchenklubs, die bewusst auf das Konzept der Selbstorganisation und Förderung des Gemeinsinns setzten.

In diesem Zusammenhang ist die Angliederung einer der ersten Mädchen-Pfadfindergruppen der Schweiz Mitte der 1910er-

Der Schwerpunkt der Freizeitfürsorge verlagerte sich nach dem Ersten Weltkrieg auf die Selbsttätigkeit der Jugend. Vier junge Frauen vom Neuen Töchterheim in Zürich unterwegs mit Akkordeon, um 1930.

Jahre an den Klub des Zürcher Martha-Vereins zu sehen. Zwar wurde die Pfadfinderinnenabteilung bereits einige Jahre später wieder aufgegeben und an ihrer Stelle der Mädchenklub Fides[92] gegründet, doch das Prinzip der Selbstverwaltung blieb bestehen. So heisst es im Jahresbericht des Zürcher Martha-Vereins 1920/21: «Es wurde versucht, die Mädchen möglichst zur Mitarbeit und Mitverantwortung heranzuziehen, sei es durch Besprechung von Klubangelegenheiten oder Übernahme von bestimmten Ämtern.»[93]

Abendfreizeitprogramme und «Sonntagsvereinigungen» mit gemeinsamen Aktivitäten blieben bis zum Zweiten Weltkrieg ein fixer Programmpunkt. Neben «Spiel, Unterhaltung, Handarbeiten, Vorlesen» standen «Theater-, Konzert, Museumsbesuche» oder auch Erlebnisse in der Natur, wie etwa Ausflüge oder Wanderungen, auf dem Programm. Religiöse Andachten wurden abgelöst durch Weiterbildungen und Vorträge, wozu auch «Frageabende» gehörten, «an denen schriftlich und anonym eingehende Fragen» behandelt wurden. Die Diskussion über die Ausrichtung

Das Freizeitangebot der FJM umfasste auch Ferien, damit sich die jungen Frauen von ihrem Arbeitsalltag als Dienstmädchen oder Haushaltshilfe erholen konnten (Mädchenklub Zürich, um 1925).

des FJM-Freizeitangebots blieb allerdings ein Dauerbrenner. Der Grat zwischen «Was Seele und Leib nötig hat» und «Verwöhnen» blieb ein schmaler, zumal sich die Gewohnheiten der Jugend ständig an neuen Interessen orientierten und das Freizeitangebot entsprechend angepasst werden musste.

Das von der modernen Jugend- und Lebensreformbewegung im ersten Drittel des 20. Jahrhunderts propagierte neue Verhältnis von Jugend, Körper und Natur sowie der Fokus auf Verantwortungsbewusstsein und Kameradschaftsgeist als erzieherische Ziele[94] schlugen sich im Freizeitprogramm der FJM nieder. In der Folge entstanden Ferien- und Erholungsheime, teilweise in Zusammenarbeit mit den deutschschweizerischen Frauenvereinen zur Hebung der Sittlichkeit, deren Exponentinnen ohnehin häufig auch Mitglieder der FJM waren.

Die wachsende Bedeutung einer Freizeitkultur für junge Frauen in der freien Natur spiegelt sich in den FJM-Jahresberichten der kantonalen Sektionen. Dort ist von Aufenthalten in «Erholungsheimen» im Baselbiet (1892) sowie im «Ferienheim»

Der Freizeit an der frischen Luft wurde ebenfalls Rechnung getragen. Hier Pensionärinnen des Töchterheims Jakobstrasse Zürich beim Picknick im Freien um 1930.

in St. Gallen (1911)[95] die Rede. Auch der 1909 in Zürich ins Leben gerufene «Klub junger Mädchen»[96] mietete in den ersten Jahren jeweils im Sommer ein Häuschen in den Bergen, «um unseren Klubmitgliedern einen netten und billigen Ferienaufenthalt zu ermöglichen».[97] Im Bericht für die Jahre 1926/27 heisst es schliesslich: «Dieses Bedürfnis nach Erfrischung in Sonne und Licht liess in den Mitgliedern den Entschluss reifen, sich auf den Höhen der Forch ein kleines Wochenend-Häuschen zu erstellen.»[98] Gemeinsam verbrachte Wochenenden oder Ferien in den Liegenschaften der FJM sollten die Beziehung zwischen den jungen Frauen stärken und damit letzten Endes den grundlegenden Netzwerkgedanken des Vereins der FJM weitertragen.

Bei aller zunehmend gewährten Selbstständigkeit der jungen Frauen vertraten die FJM jedoch weiterhin die Ansicht, dass ihren Schützlingen im Hinblick auf die Einhaltung des moralisch richtigen Weges nach wie vor Grenzen zu setzen seien. Grundsätzlich ging es darum, ihnen «feste Richtlinien für ihr Leben zu vermitteln, die ihnen helfen sollen, brauchbare Menschen zu werden,

Wo fühlen sich junge Frauen wohl? Wo können sie sich erholen? Fragen, welche sich die FJM im Lauf der Zeit immer wieder neu stellen mussten. Wochenendhäuschen am Waldrand um 1935.

die selbstlos, selbstbeherrscht und hülfsbereit überall einstehen können, wo sie gebraucht werden».[99]

Das bestehende Weltbild und die damit einhergehenden moralischen Richtlinien wurden jedoch in der Folge des Ersten und insbesondere des Zweiten Weltkriegs nachhaltig erschüttert. Die grossen gesellschaftlichen Veränderungen wirkten sich auch auf die Arbeits- und Lebenswelt der Frau und damit in direkter Konsequenz auf das Freizeitangebot der FJM aus. So äusserte sich die Verantwortliche für Klubs und Mittagstische, D. Huber-Roth, anlässlich der 100-Jahr-Feier des Schweizerischen Vereins der FJM 1986: «Mit dem Verschwinden der ehemals grossen Schar weiblicher Dienstboten, mit der wachsenden Selbstständigkeit der jungen Frauen und mit der Zunahme zahlreicher attraktiver Freizeitangebote konnten unsere Klubs in der alten Form nicht mehr weiterbestehen.»[100]

Beeinflusst wurde die Ausrichtung des FJM-Engagements von einer zunehmenden Konkurrenz in der Jugendfürsorgelandschaft. Konkurrenz erwuchs den Freundinnen einerseits aus den

Junge Frauen mochten ihre Freizeit zunehmend auch sportlich verbringen. Der Mädchenklub Schanzengraben Zürich vor einer Holzhütte im Schnee um 1935.

eigenen kirchlichen Reihen – erwähnt sei als Beispiel der Christliche Verein Junger Menschen (CVJM), der in Schottland die FJM als Jugendfürsorgewerk abgelöst hatte. Zudem hatte sich die seit der Jahrhundertwende verstärkt gewachsene Frauenbewegung im Rahmen des II. Schweizerischen Frauenkongresses 1921 die Jugendfürsorge als eine der dringenden und zentralen Aufgaben der Frauenvereine auf die Fahnen geschrieben. Es ging einerseits um die Frage, in welchem jugendfürsorgerischen Bereich die jeweiligen Schwerpunkte der einzelnen Frauenorganisationen lagen. Viel bedeutender war allerdings – und dies nicht nur für die FJM – die sich in der Zwischenzeit rasch etablierende staatliche Jugendfürsorge und die damit verknüpfte Frage nach dem Verhältnis von privater und öffentlicher Fürsorge.

Verschiedene Aktivitäten, die vormals von den FJM in den «Sonntagsvereinigungen» oder Klubs angeboten worden waren, wurden nun von den politischen Gemeinden oder lokalen Frauenvereinen übernommen. Die Versuche des Vereins, die verschiedenen Freizeitwerke den neuen gesellschaftlichen Verhältnissen

Zeitvertreib mit Spielen, die kaum noch jemand kennt: Pensionärinnen des Neuen Töchterheims Zürich beim Tisch-Croquet um 1920.

und Bedürfnissen ihrer Klientel anzupassen, waren nur zum Teil erfolgreich. In einzelnen kantonalen Sektionen entstanden neue Formen der bisherigen Klubs mit einer erweiterten Zielgruppe, wobei besonders das preisgünstige Angebot der Mittagstische bei Schülerinnen und Schülern, Studentinnen und Lernenden ab den 1960er- und 1970er-Jahren auf Anklang stiess. Doch während die FJM 1986 neben dem Freizeitheim Walten sowie Nähkursen in drei Winterthurer Quartieren schweizweit noch sechs Mittagstische und Klubs betrieben, wurden auch diese im Lauf der nächsten Jahrzehnte allmählich aufgelöst.[101]

Publizistische Tätigkeit zwischen Marketing und Mission

Die Freundinnen verstanden sich schon früh sehr gut darin, die von ihnen im Rahmen der Fürsorgetätigkeit geschaffenen Räume öffentlichkeitswirksam und zeitgemäss zu inszenieren: mit Flugblättern, Plakaten oder eigenen Publikationen, mit Diaschauen,

Eine Idylle, die das Freizeitprogramm der FJM bilderbuchartig veranschaulicht: Junge Frauen sitzen strickend, lesend und musizierend im Garten (um 1925).

am Radio – oder aber in den bewegten Bildern des Films, der zu Beginn des 20. Jahrhunderts seinen medialen Siegeszug antrat. Mit ihrer Propaganda verfolgten die FJM verschiedene Ziele: Zum einen wollten sie junge Mädchen und Frauen möglichst flächendeckend vor den insbesondere in den Städten lauernden Gefahren warnen und sie gleichzeitig über die Aktivitäten und schützenden Werke des Vereins informieren. Zum anderen ging es ihnen auch darum, in aller Öffentlichkeit für die Sache der Freundinnen zu werben: Dadurch sollten nicht nur neue Vereinsmitglieder akquiriert werden, die mediale Zurschaustellung der geleisteten Arbeit diente auch als wichtiges Instrument, um potenzielle Geldgeber – seien dies Gönner, Spenderinnen oder die öffentliche Hand – vom Sinn und Erfolg des Freundinnennetzwerks zu überzeugen.

Dazu kam die aufklärende Arbeit im Bereich der christlichen Lebenshilfe und Erziehung. Sie war denn auch eine wichtige Motivation für den Aufbau diverser publizistischer Aktivitäten, die insbesondere seit den 1920er-Jahren ausgebaut wurden.

Die FJM zeigten schon früh ein Gespür für Marketing: das geradezu ikonografische Signet aus den 1950er-Jahren, das jungen Frauen am Bahnhof den Weg zu den hilfsbereiten Freundinnen wies.

1934 wurde neben der allgemeinen Aufklärungs- und Fürsorgetätigkeit «die Propaganda als zweite und nicht weniger wichtige Aufgabe» bezeichnet.[102] Damit sollten Werte vermittelt und
aufgezeigt werden, «dass jede einzelne Freundin die Aufgabe
hat, keine Gelegenheit vorbeigehen zu lassen, um die jungen
Mädchen, mit denen sie in Berührung kommt, auf unsere Einrichtungen aufmerksam zu machen. Kein junges Mädchen darf
die Schule verlassen, ohne Bescheid zu wissen über die Institutionen, welche die Freundinnen für die weibliche Jugend ins Leben gerufen haben».[103]

Um die jungen Frauen direkt zu erreichen, gab es verschiedene Medien, wozu «Warnzettel», Merkblätter und Ratgeber
gehörten sowie der jährlich zu Ostern erscheinende «Freundin-
nengruss», der über die reformierten Kirchen an die Konfirman-
dinnen abgegeben wurde und schliesslich durch einen Abreisska-
lender mit einem monatlichen Sinnspruch und einem Bild, «das
über die verschiedenen Arbeitsfelder des Vereins mit kurzen er-
klärenden Angaben [...] über Zweck und Ziel unserer Tätigkeit»

Die FJM waren tüchtige Publizistinnen – um auf ihr Angebot aufmerksam zu machen, aber
auch, um Spenden zu gewinnen. Titelblatt der Zeitschrift *Amie de la jeune Fille*, 15. Mai 1906.

orientierte, um «zwischen den die Schule verlassenden Mädchen und den Freundinnen einen lebendigen Kontakt herzustellen».

Eine wichtige Rolle nahm während fast vierzig Jahren die Mädchenzeitschrift *Der Stern* ein. Initiantin der seit 1907 monatlich erscheinenden Publikation war Julie Lieb, welche die Zeitschrift selbst öfters «mit Beiträgen in Poesie und Prosa» bedachte, weshalb *Der Stern* auch als «Lieblingskind von Fräulein Lieb» bezeichnet wurde, wie in ihrem Nachruf zu lesen ist.[104] Ein geradezu propagandistisches Zeichen setzte der Titel des Verbandsorgans *Aufgeschaut! Gott vertraut!*, das von 1886 bis 1947 mit zwölf Nummern pro Jahrgang erschien und auf eindrückliche Weise die ideelle Entwicklung der FJM über ein halbes Jahrhundert spiegelt. Gedruckt wurde die Publikation in Basel, wo sich ab 1928 auch der Sitz der Redaktion befand.

Das Profil des schweizweit vertriebenen und sowohl in deutscher als auch französischer Sprache erschienenen Blattes ist vielschichtig. Es war sowohl Verbandsorgan als auch Bindeglied zwischen den lokalen Verbänden, die in der Rubrik «Aus

Fast vierzig Jahre lang erschien seit 1907 *Der Stern*, eine Publikation, die mit Poesie und Prosa junge Frauen auf den Ernst des Lebens vorbereitete.

den Sektionen» Einblick in ihre Tätigkeiten gaben sowie über die internationalen Versammlungen berichteten. Das Blatt entwickelte sich insbesondere unter der Ägide von Elisabeth Zellweger ab 1923 auch zu einem «Fachblatt für soziale und christliche Frauentätigkeit». Die äusserst engagierte und auch streitbare Redakteurin verwandelte *Aufgeschaut! Gott vertraut!* von einer überschaubaren Publikation von 16 Seiten zu einer eigentlichen Plattform des Austausches mit Ratgebercharakter. «Wir möchten, dass unser Blatt ein Band würde zwischen den Frauen, die in gleicher Arbeit stehen, dass sie sich selbst darin ansprechen würden», schreibt Zellweger in ihrem ersten Editorial im November 1923.[105]

Öffentlichkeitswirksames Auftreten an den Landesausstellungen

Wichtige Treiber für den Ausbau oder die Neukonzipierung propagandistischer Auftritte waren die Landesausstellungen. Die

Über sechzig Jahre lang der publizistische Leitfaden der FJM: Das Verbandsorgan *Aufgeschaut! Gott vertraut!* spiegelt die Geschichte der Freundinnen von 1886 bis 1947 (Titelblatt 1946).

Das Muster-Ferienheim der Freundinnen junger Mädchen an der Saffa, ein schönes Chalet mit breiten Lauben, enthält im Erdgeschoss Wohn- und Esszimmer, Halle und Küche, zwei Doppel- und ein Einerzimmer im ersten, zwei weitere Zimmer im Dachstock — alle Zimmer mit Holztäfer. Badezimmer mit Boiler, W.C., Waschküche, Glättekammer, Keller, Estrich, Zentralheizung (der Ofen als Kachelofen in der Halle eingebaut, hat auch eine Koch- und Backvorrichtung); all dies irgendwo im lieben Schweizerland wohnfertig aufgestellt: 50,000 Franken. —

Wer kauft es?

Ein Verkauf würde unsere Verbindlichkeiten der Erbauerin des Chalets gegenüber, der Parkett- und Chalet-Fabrik Bern, b e - d e u t e n d günstiger gestalten! — Auskunft erteilt gerne Dutoit, Schwarztorstrasse 36, Bern.

FJM waren sowohl an den Schweizerischen Ausstellungen für Frauenarbeit 1928 und 1958 als auch an der «Landi 39» beteiligt und präsentierten ihre Vereinsarbeit im Bereich der Jugendfürsorge. Die nationalen Anlässe wurden von den Freundinnen aktiv als Medienplattform für die Frauensache genutzt. So diente an der Saffa 1928 in Bern neben dem extra für die Ausstellung produzierten Film «Jungmädchenschicksale» beispielsweise «ein schönes Chalet mit breiten Lauben»[106] als sichtbares «Symbol der unsichtbaren Freundinnenarbeit».[107] Das durch Sponsoring diverser Firmen sowie einen Garantiefonds finanzierte FJM-Musterheim sollte die Aktivitäten des Vereins im Bereich Unterkunft der breiten Bevölkerung näherbringen; «abwechslungsweise wird die eine oder andere der ständigen Leiterinnen von Freundinnen-Heimen im Chalet als ‹Hausmutter› amten, um den Besuchern über Zweck und Tätigkeit des Vereins Auskunft zu geben».[108]

An der «Landi 39» in Zürich waren die FJM in verschiedenen Bereichen vertreten. Zum einen leisteten die Zürcher Freundin-

Der öffentliche Auftritt der FJM begrenzte sich nicht auf Printmedien. Auch an Landesausstellungen wie der Saffa 1958 waren sie etwa mit einem Musterferienheim-Chalet prominent vertreten.

nen gemeinsam mit dem Schweizerischen Verband Frauenhilfe und dem Katholischen Mädchenschutzverein «stille» und unentgeltliche Fürsorgearbeit, indem sie die weiblichen Angestellten der Landesausstellung in speziellen Ruheräumen betreuten: «Im Laufe der 6 Ausstellungsmonate leisteten unsere Fürsorgerinnen den Gästen unserer Ruheräume tausende von Hilfsdiensten, die in der Verabreichung von Tee, Syrup, Zwieback, Medikamenten, Fussbädern und vorübergehender Verwahrung von Wertsachen bestand.»[109]

Dazu waren sie sowohl im Jugendhaus als auch im Pavillon der sozialen Arbeit vertreten. Im Jugendhaus präsentierte der Verein seine praktischen Hilfsdienstleistungen in den Bereichen Stellenvermittlung und Freizeitwerke. Ebenfalls zwei Mal im Monat trafen sich im Arbeitsgruppenraum Mitglieder des «Mädchenklubs», um gemeinsam für einen sozialen Zweck zu schaffen und später im Raum für Geselligkeit eine lustige Produktion zum Besten zu geben».[110] Bei dieser «lustigen Produktion» handelte es sich um «Rosi Wunderli's Abetür verfasst vo Jugetliche» mit Ver-

Auch an der legendären «Landi» 1939 in Zürich waren die FJM sowohl mit einem Jugendhaus als auch im Pavillon der sozialen Arbeit vertreten, wo sie ihre Arbeit einem breiten Publikum präsentierten.

sen des Zürcher Oberländer Schriftstellers Gobi Walder.[111] «Die Produktion zeigt, wie Rosi auf der Suche nach Abenteuern bei einem Haar für immer verschwunden wäre, wenn nicht die Frauen mit der rot-weissen Armbinde und dem siebenzackigen Stern und andere hilfsbereite Menschen Rosi vom Heimweh erlöst und heimgeführt hätten. Es ist eine recht lustige, abenteuerliche Fahrt nach Frankreich, Afrika und Russland, die wir da zeigen, aber mit einem ernsten, tiefen Hintergrund.»[112]

Auch die Präsentation der FJM im Pavillon der sozialen Arbeit stand ganz im Zeichen der Öffentlichkeitsarbeit, hier allerdings in bewegten Bildern. So veranschaulichte der anlässlich der «Landi 39» produzierte Stummfilm «Françoise» das soziale Engagement der FJM mithilfe des modernsten Mediums der Zeit.[113] In den folgenden Jahrzehnten nutzten die FJM das Medium Film, um ihre Arbeit und ihr Image in die weite Welt hinauszutragen: Von aufwendig produzierten Kurzspielfilmen wie Kurt Frühs «Eine Freundin in der grossen Welt» anlässlich der Saffa 1958 in Zürich über einen Film zum Welschlandjahr Ende der 1980er-

An der «Landi» 1939 wurde auch die humorvolle Geschichte von «Rosi Wunderli» erzählt, die auf der Suche nach Abenteuern in verschiedenen Ländern immer wieder auf Abwege gerät ...

Jahre bis zum Beitrag «Freundinnen Junger Mädchen» der Compagna Reisebegleitung im Jahr 2000.[114]

«Ist dieser Zug abgefahren?»

Die öffentliche Wahrnehmung der FJM begann sich insbesondere seit den 1970er-Jahren zu verändern: Das unermüdliche Fürsorgeengagement der mehrheitlich in der reformierten Landeskirche verwurzelten Freundinnen wurde im Zuge des gesellschaftlichen Aufbruchs der 1968er-Jahre zunehmend als überholt und verstaubt angesehen. Symptomatisch für das sich wandelnde FJM-Image steht ein Artikel der Buchautorin und Journalistin Christine Steiger, der am 5. April 1972 in der *Weltwoche* erschien. «Sie, die sich selbst Freundinnen Junger Mädchen nennen, sehen, dass die jungen Mädchen immer mehr auf ihre Freundschaft pfeifen», schreibt sie gleich zu Beginn des ganzseitigen Berichts. «Vielen Mädchen graut's schon, wenn sie nur den Namen hören», zitiert die Journalistin die damalige Präsidentin der Zürcher FJM-Sek-

---

... und dank der hilfsbereiten FJM-Frauen mit der rot-weissen Armbinde schliesslich auf den richtigen Weg zurückfindet.

tion, Lieselotte Vontobel-Frick, um gleich nachzudoppeln: «Das Grauen beruht auf Gegenseitigkeit», wie sich «in der Klage der Leiterin des Martahauses, Fräulein Moll» ablesen lässt: «Die Arbeit an unseren jungen Gästen wird immer mühsamer.»

Christine Steiger schreckt auch nicht davor zurück, die FJM-Geschichte in unrühmlichem Ton zu rekapitulieren: «Sie nannten sich Freundinnen Junger Mädchen und meinten junge Zuchthäuslerinnen, Heimzöglinge und Dirnen.» In der Schweiz habe man sich primär auf minderbemittelte, also «asoziale» junge Frauen konzentriert, um diese in die Gnade des Dienstbotenstandes zu heben und an christliche Herrschaftshäuser zu vermitteln. Vor allem aber kritisiert sie an den Freundinnen, dass sie in ihrem Denken und Handeln im Grunde stehen geblieben seien, obwohl sie sich bemühten, sich neuen sozialen Themen zuzuwenden. «An der diesjährigen Herbsttagung bekommen die Mitglieder das Thema Rauschgift serviert. Ob sie es schlucken werden, ist eine andere Frage. Aber Aufklärung ist dringend notwendig, denn oft sind die Beschützenden ahnungsloser als die Schützlinge.»

Wertvolle Information oder weltfremde Propaganda? Das Image der Freundinnen kam zunehmend ins Wanken.

Der Mädchenhandel ist kein Märchen aus vergangenen Tagen, sondern furchtbare Wirklichkeit

«Die Aufgaben wachsen dem Verein über den Kopf», kommt Steiger zum Schluss. «Es genügt nicht, in einem Stil weiterzuwursteln, der wirklich Hilfebedürftige abschreckt.» Immerhin überlässt die Journalistin das letzte Wort der Zürcher FJM-Präsidentin Lieselotte Vontobel-Frick, was aber nicht unbedingt zur Imageverbesserung beiträgt: «Man kann heute keine Wohltätigkeitstanten mehr brauchen, sondern nur noch qualifizierte Berufsleute. Doch die haben wir nicht.» Der mit viel Süffisanz und boshafter Häme geschriebene Artikel löste eine Welle der Empörung bei den FJM und den ihnen nahestehenden Kreisen aus. Doch die Replik auf den Artikel mündete – einmal mehr – in der Erkenntnis, dass die Freundinnen ihr soziales Engagement dem Zeitgeist anpassen müssten.

Dies ist denn auch der Tenor zum 100-Jahr-Jubiläum der internationalen Freundinnenorganisation 1977, das zu verschiedenen Medienbeiträgen Anlass gab. «Ist dieser Zug abgefahren?», titelte das Frauenmagazin *Femina* seine sechsseitige Reportage über das schon damals wichtigste Freundinnenwerk: die Bahnhofhilfe. Die

Ist die Welt wirklich so böse, dass es den sicheren Rettungsanker für junge Frauen am Bahnhof noch braucht? Mit Tatsachenberichten festigten die FJM die Notwendigkeit ihrer Arbeit.

Verdienste im Bereich Frauenhandel und Ausbildung werden aufgrund der zum Jubiläum professionell zusammengestellten Me-
dienmappe gewürdigt – allerdings mit dem Fazit, dass der Boom
des Freundinnennetzwerks seit dem Zweiten Weltkrieg einen
Niedergang erfuhr. «Von den einst weltweit 20 000 Mitgliedern
in 41 Ländern blieben 1946 nur noch deren 7000 in 8 Ländern
übrig.» Ein beachtlicher Teil davon in der Schweiz, wo der Verein 1945 noch immer aus 4000 «wackeren Freundinnen» bestand.
Aufgezählt werden im Artikel zum Jubiläum auch die zahlreichen
Werke, die kantonal geführt und national koordiniert wurden: 13
Heime, 10 Bahnhofhilfen, 13 Stellenvermittlungsbüros, 2 Mittags-
klubs und 1 Haushaltungsschule. Besonders stolz präsentierte
man im Jubiläumsjahr auch den jüngsten Spross der Freundin-
nenfamilie: die Auskunftsstelle Ehen mit Orientalen, eine Initiative der Basler Standesbeamten, «die festgestellt haben, dass mit
Ägyptern, Arabern und Persern verheiratete junge Frauen oft von
den im Heimatland ihrer Zukünftigen herrschenden Sitten und
Gebräuchen keine Ahnung hatten». Die neue FJM-Beratungsstel-

Jubiläen nutzten die Freundinnen Junger Mädchen immer auch, um ihre Arbeit im Wandel
der Zeit darzustellen (Titelblatt der Publikation zum 50-Jahr-Jubiläum 1877–1927).

le sollte den «frischgebackenen Ehefrauen böse Überraschungen ersparen». Der *Femina*-Beitrag endet jedoch mit der Frage, die sich die FJM zu ihrem 100-jährigen Geburtstag ebenfalls stellten: «Wird es um die Freundinnen nach dem Fest allmählich still werden? Hat diese Feier auch den wehmütigen Beigeschmack im Wissen darum, dass die Flamme nun bald erlöschen wird?»

In der eigenen Festschrift ermutigten sich die Freundinnen optimistisch: «Schütten wir doch den guten alten Wein in neue Schläuche.» Doch zeigte sich immer deutlicher, dass sich der geschichtsträchtige Verein nicht so einfach in eine moderne Welt mit ihren neuen Gebräuchen und Sitten einfügen liess. Für die folgenden Jahrzehnte sollte dies die grosse Herausforderung für die FJM werden.

Konstant blieb der stets hohe Anspruch, den die FJM an die Grafiken in ihren Veröffentlichungen stellten. Damit wollten sie ihr Zielpublikum optimal erreichen.

117 Die Freundinnen
schaffen
Frauenräume

«Wir möchten
ihnen eine Heimat
geben»[115]

Neue Orte der Moderne

Die Industrialisierung, neue Formen der Mobilität wie die Eisenbahn, aber auch moderne Orte der Begegnung und des Vergnügens wie Bahnhof oder Kino veränderten im Europa des 19. Jahrhunderts die Lebens- und Erfahrungswelten der Bevölkerung. Auf diese im Zuge des gesellschaftlichen Wandels neu entstehenden «Orte der Moderne»[116] reagierten die Freundinnen Junger Mädchen mit der Schaffung zahlreicher Räume von Frauen für Frauen – im physischen wie auch im übertragenen Sinne.

In einem ersten Schritt verfolgte der Verein das Ziel, den jungen Frauen, die auf der Suche nach einer Erwerbsmöglichkeit aus oftmals ländlichen Gebieten in die schnell wachsenden und zunehmend anonymen Schweizer Grossstädte reisten, eine Anlaufstelle, eine Unterkunft und ein Zuhause auf Zeit zu bieten. Indem die FJM den jungen Arbeitsmigrantinnen mit Rat und Tat zur Seite standen und ihnen einen heimeligen Wohnraum zur Verfügung stellten, sollten diese vor Mädchenhändlern, dem Ab-

Lichtpaläste für ein neues Massenmedium: Im Zürcher Quartier Aussersihl entführten bereits 1928 drei Grosskinos ihr Publikum mehrmals am Tag in moderne Filmwelten, darunter das Kino Forum, aufgenommen 1946.

SONNTAGS - STUBE NEUMÜNSTER

für Hausangestellte und andere weibliche Berufstätige

Geöffnet jeden Sonntag von 2¹/₂ Uhr nachmittags bis 10 Uhr abends

Minervastrasse 146

Im Sommer bei gutem Wetter in der
Waldschule, Biberlinstrasse 60

*Verein der Freundinnen junger Mädchen,
Sektion Zürich*

stieg in die Prostitution und einem unsittlichen Lebenswandel beschützt werden.

Dieser ganzheitliche Schutzgedanke manifestierte sich zum einen in materiellen Räumen wie dem «Bahnhofstübli», den Asylen für gefährdete Mädchen oder den Pensionen, Töchter- und Ferienheimen, wie sie von den schweizerischen FJM im ausgehenden 19. Jahrhundert ins Leben gerufen wurden. Zum anderen schufen die Freundinnen aber auch Frauenräume im erweiterten Sinn: Mit ihren Stellenvermittlungsbüros, Ausbildungsstätten, Mädchenklubs und anderen Freizeitwerken eröffneten die FJM nicht nur ihren weiblichen Protegés neue Perspektiven, sie ermöglichten auch sich selbst, als bezahlte oder ehrenamtlich tätige Arbeitskräfte, die private, traditionell weibliche Sphäre des Familienhaushalts zu verlassen und in den öffentlichen, männerdominierten Raum zu treten.

Wie die Vertreterinnen der zahlreichen anderen Frauenvereine, die sich Ende des 19. Jahrhunderts formierten, waren auch die Freundinnen der Gründungsjahre typische Töchter ihrer Zeit.

Sonntagsstuben und -säle wurden in den meisten FJM-Sektionen schon früh als «Orte der Geborgenheit» und als Alternative zu den Versuchungen der Grossstadt ins Leben gerufen.

So kann das Wirken der FJM sowie die Bedeutung der von ihnen geschaffenen Frauenräume nur unter Berücksichtigung der damaligen gesellschaftlichen Entwicklungen und der daraus resultierenden Stellung der Frau richtig gedeutet werden.

Progressives Wirken in konservativem Rahmen

Die FJM der Gründungszeit vertraten, analog zu vielen anderen bürgerlichen Frauen- und Sittlichkeitsvereinen der Zeit, ein aus heutiger Perspektive eher konservatives Frauenbild. Dieses stand im Einklang mit dem dualistischen Geschlechterkonzept, das im Gegensatz zu seinem egalitären Pendant von einer grundsätzlichen Andersartigkeit, aber Gleichwertigkeit der männlichen und weiblichen Natur ausging.[117] Zur daraus abgeleiteten «natürlichen» Bestimmung der Frau in der Gesellschaft zählten in erster Linie die Haus- und Erziehungsarbeit im Kreis der Familie, wobei die Frauen in fürsorgerischer und moralischer Hinsicht auch in die grössere Gemeinschaft hineinwirken sollten. Die Historikerin-

Typisch Frau? Zwei junge Heimbewohnerinnen posieren um 1930 strickend und verkleidet vor dem Neuen Töchterheim St. Jakob in Zürich.

nen Elisabeth Joris und Heidi Witzig sprechen in diesem Zusammenhang von einer «familiarisierten Öffentlichkeit».[118]

Diesen konservativen Tendenzen der Anfangszeit steht das in anderen Bereichen durchaus progressive Wirken des Vereins gegenüber. So eröffneten die FJM als Pionierinnen der sozialen Arbeit Frauen im ausgehenden 19. Jahrhundert neue Wirkungsfelder und Freiräume. Die Bilanz, welche die Historikerin Verena E. Müller bezüglich der Aktivitäten des zeitgleich agierenden Verbands Deutschschweizerischer Frauenvereine zur Hebung der Sittlichkeit – später Schweizerische Evangelische Frauenhilfe[119] – zieht, lässt sich somit auch auf die FJM übertragen: «Zu einer Zeit, als Frauen in der Wirtschaft keinen Zutritt zu Führungspositionen hatten, standen sie Anstalten vor, traten an die Öffentlichkeit, verwalteten ansehnliche Budgets und verhandelten mit Behörden.»[120]

Darüber hinaus betraten die schweizerischen Freundinnen wiederholt auch den politischen Raum und beteiligten sich im Lauf der Jahrzehnte an verschiedenen Vorstössen auf nationaler

Für die sparsame Hausfrau von morgen waren Kenntnisse diverser Handarbeiten unabdingbar. Auch in den FJM-Heimen und -Pensionen wurde fleissig gestrickt, genäht und gestickt.

und internationaler Ebene. Nichtsdestotrotz gehörten die FJM nicht zu den Exponentinnen der frühen Frauenbewegung, die vehement in die traditionellerweise den Männern vorbehaltenen öffentlichen Räume eindrangen und für die Gleichstellung der Geschlechter in Politik und Gesellschaft kämpften. In der Frage des Frauenstimmrechts etwa herrschte unter den FJM-Mitgliedern nicht immer Einigkeit. Allerdings wurde das Frauenstimmrecht bereits 1921 von der späteren *Aufgeschaut! Gott vertraut!*-Redakteurin Elisabeth Zellweger in ihrem Referat anlässlich des zweiten Frauenkongresses eindringlich gefordert. Mitte der 1940er-Jahre hielt auch der Nationalvorstand der FJM fest, «dass dieser einstimmig die das Frauenstimmrecht fördernden Tendenzen unseres Vereins befürwortet».[121]

Die FJM setzten sich von Beginn weg auf ihre ganz eigene Art und Weise für ihre Geschlechtsgenossinnen ein. Während in den 1890er-Jahren in den grösseren Schweizer Städten Frauenrechtsvereine gegründet wurden, die neben besseren Ausbildungs- und Erwerbsmöglichkeiten für Frauen auch deren zivilrechtliche und

An den regelmässig veranstalteten offiziellen Freundinnenversammlungen, wie hier im appenzellischen Gais um 1920, wurden auch wichtige politische Entwicklungen diskutiert.

politische Gleichstellung forderten,[122] legten die FJM ihr Hauptaugenmerk darauf, die ihnen als gut situierte bürgerliche Frauen bereits zur Verfügung stehenden sozialen und medialen Räume dafür zu nutzen, Orte zum Schutz junger Frauen vor Prostitution und Mädchenhandel zu schaffen.

Zwischen bürgerlicher Ideologie und
wirtschaftlicher Realität

Der Bedarf an neuen Räumlichkeiten speziell für Frauen war eine direkte Folge der tiefgreifenden Umwälzungen der Gesellschaft durch die Industrialisierung: Die Welt kam in Bewegung, neue Orte und Arbeitsfelder entstanden, die Grenzen zwischen privater und öffentlicher Sphäre verschoben sich, männliche und weibliche Räume wurden neu definiert. Das in diesem Zusammenhang von bürgerlichen Kreisen – denen auch die federführenden Freundinnen der Gründungszeit angehörten – propagierte Familienideal liess sich dabei für einen Grossteil der arbeitenden

---

Bei den Räumen, die jungen Frauen in der Schweiz von den FJM eröffnet wurden, handelte es sich längst nicht nur um physisch betretbare Orte wie die «Bahnhofstüblis» oder Heime.

Schweizer Bevölkerung nur schwer mit der neuen wirtschaftlichen Realität vereinbaren: Im Einklang mit dem herrschenden Konzept des Geschlechterdualismus schrieb dieses die ausserhäuslich verrichtete, bezahlte Erwerbstätigkeit den Männern zu, während gleichzeitig eine Rückbindung der Frauen in den häuslichen Wirkungskreis der unentgeltlich verrichteten Subsistenzarbeit, sprich der Hauswirtschaft und Kindererziehung, erfolgte.[123]

In Tat und Wahrheit zwangen niedrige Löhne vor allem Mütter und Töchter aus der Fabrikarbeiterschaft dazu, ebenfalls einen Beitrag zum Familieneinkommen zu leisten. Doch nicht nur für die Arbeiterschicht, auch für die Angestellten und Beamten des neuen Schweizer Kleinbürgertums wurde der Unterhalt der unverheirateten, nicht erwerbstätigen weiblichen Angehörigen zunehmend zur Belastung.[124] Das bürgerliche Ideal einer scharfen Trennung von weiblicher Haushaltssphäre und männlicher Lohnarbeit blieb somit für viele Familien unerreichbar. Mit der Folge, dass im Lauf des 19. Jahrhunderts Jugendliche – insbesondere aus der ländlichen Unterschicht – auf der Suche nach Arbeit

Frauensache Haushalt: Die dualistische Auffassung geschlechtsspezifischer Aufgaben und Eigenschaften hielt sich in der Schweiz hartnäckig. Küche im Zürcher Marthahof um 1930.

scharenweise in die rasch wachsenden Grossstädte abwanderten. Allerdings hielten sich die Erwerbsmöglichkeiten für Mädchen ohne eigentliche Berufsqualifikation auch im urbanen Raum in Grenzen.

Die jungen Frauen kleinbürgerlicher oder bäuerlicher Herkunft fristeten in den Städten somit häufig ein unsicheres Dasein als Dienstbotinnen, Fabrikarbeiterinnen, Wäscherinnen, in der Textilverarbeitung oder aber als Angestellte im Gastgewerbe.[125] Mit bisweilen weitreichenden Konsequenzen: So zwangen diese unregelmässigen und oft unterbezahlten Tätigkeiten viele Frauen dazu, neben ihrer Arbeitskraft auch ihren Körper zu verkaufen. Wie Anita Ulrich in ihrer Studie zur Prostitution in der Belle Époque am Beispiel der Stadt Zürich nachweist, «war der Grossteil der 1881 in Zürich aufgegriffenen Strassenprostituierten als Kellnerin, Dienstmädchen oder Näherin beschäftigt».[126] In Zürich schwankte die Zahl der von der Sittenpolizei wegen Prostitution aufgegriffenen Frauen um die Jahrhundertwende – je nach polizeilicher Strenge – zwischen jährlich 89 und 651.[127]

Betäubungsmittel in Getränken, Zigaretten oder Süssigkeiten – Flugblätter warnten junge Frauen vor den insbesondere in Bars, Dancings und Kinos lauernden Gefahren.

Der Zusammenhang zwischen der Ausbeutung der weiblichen Sexualität und ungenügenden Bildungs- und Erwerbsmöglichkeiten für Frauen war bereits am Rande des ersten Abolitionistenkongresses der «Fédération» 1877 in Genf thematisiert worden. Die damals geführten Diskussionen führten im Anschluss zur Gründung des Internationalen Vereins der Freundinnen Junger Mädchen.[128] In direkter Konsequenz setzten die FJM der Bedrohung allein reisender, lebensunerfahrener Mädchen durch Mädchenhändler und Prostitution neue Räume zu deren physischem und moralischem Schutz entgegen.

Ausgangsort Bahnhof –
hinein in das gute «Bahnhofstübli»

Verkehrsknotenpunkt, sozialer Schmelztiegel und repräsentatives Tor zur grossen weiten Welt zugleich, entwickelte sich der Bahnhof Ende des 19. Jahrhunderts zu einem eigenen Mikrokosmos. Hier setzten die jungen Frauen, die auf der Suche nach

Mit Informationstafeln machten die FJM auf ihre Tätigkeiten aufmerksam. Zum kantonalen Angebot der Sektion Zürich gehörte in den 1920er-Jahren auch der Mädchenklub Fides.

Arbeit in grosser Zahl vom Land in die Stadt strömten, zum ersten Mal Fuss auf fremden urbanen Boden, und hier nahm in den 1880er-Jahren mit den ersten Bahnhofwerken auch die FJM-Tätigkeit in der Schweiz ihren Anfang.

Als Arbeitszentrale der Bahnhofhelferinnen und gut frequentierte Ruheoase im hektischen Bahnhofbetrieb diente schon früh das «Bahnhofstübli». Die Funktion dieser kleinen Stube war so mannigfaltig wie die reisende und hilfsbedürftige Klientel, die sich darin versammelte. Die *Neue Zürcher Zeitung* beschrieb den Ort anlässlich der Geldsammelaktion des Bahnhofhilfswerks vom 9. Juni 1956 folgendermassen: «Im Bahnhofstübchen werden Kinder gestillt, Schoppen gewärmt, Kinder gewickelt und Schulaufgaben gemacht von denen, die auf Züge warten müssen. Es hat Nähzeug für Säume, die beim Aussteigen herabgetreten wurden, es hat eine Apotheke mit Pulver und Tropfen und Tees für allerlei Uebelkeiten; es hat auch Pflästerchen für die Füsse, die von neuen Schuhen auf dem städtischen Asphalt wundgerieben wurden.»[129] In den eigenen Berichten der FJM wird das «Bahnhofstübli» oft

Die Arbeit der FJM nahm an den Bahnhöfen ihren Anfang, weitete sich aber bald schon auf andere Gebiete und Tätigkeitsfelder aus; drei Frauen verlassen den Zürcher Hauptbahnhof.

nur beiläufig erwähnt, doch der Aufwärm- und Ruheraum stand im Lauf der Zeit nicht nur Kindern, Müttern sowie älteren und anderen hilfsbedürftigen Menschen offen, sondern bot während des Kriegs auch Soldaten und Flüchtlingen eine Aufenthaltsmöglichkeit. So hiess es im schweizerischen Gesamtbericht zu den Kriegsjahren 1944 bis 1946 zum Bahnhofwerk in Lausanne: «Das ‹Stübli› ist der Zufluchtsort für alle.»[130]

Wie es zur selben Zeit für den Berner Bahnhof berichtet wird, waren die «Stüblis» vor allem eines, «wandlungsfähig: Still- und Wickelstube, Umzieh-, Warte- und Gesprächsraum, und wie manches geplagte Menschenkind teilt schwerste Erlebnisse mit, erleichtert sein Herz».[131] Neben einem offenen Ohr boten die Freundinnen hier Zugang zu ihrem Vorrat an Wechselkleidern und Windeln, die in anderen FJM-Werken hergestellt wurden. Allerdings lässt sich nicht mit Bestimmtheit sagen, ob ein jedes Bahnhofwerk auch über ein eigenes «Bahnhofstübli» verfügte.

Die vielseitig nutzbaren Räume innerhalb der Bahnhöfe deckten zwar verschiedene Bedürfnisse ab, trotzdem stellte sich

---

«Wenige Gehminuten vom Hauptbahnhof und Stadtzentrum entfernt» – wie die meisten FJM-Häuser trumpfte auch das Zürcher Martahaus mit günstigen Zimmern mitten in der Stadt.

Aussicht auf Zürich von der Dachterrasse.
The roof terrace offers a view over Zurich.
Terrasse sur le toit avec vue sur la ville de Zurich.
Vista della terrazza del tetto sulla città.

80 Betten, alle Zimmer mit fliessendem Kalt- und Warmwasser. Duschen auf allen Etagen. Zimmer zu 1, 2, 3 Betten und 6-Bettzimmer (Kojen). Frühstück und alle Taxen inbegriffen.

80 beds, all rooms with running hot and cold water. Showers on each floor. Rooms with 1 bed, 2, 3 and 6 beds (bunks). Breakfast and all fees included.

80 lits, toutes les chambres avec eau chaude et froide. Douches à tous les étages. Chambres à 1, 2, 3 lits et dortoirs à 6 lits (couchettes). Petit déjeuner et toutes taxes comprises.

80 letti, tutte le camere con aqua corrente fredda e calda. Docce su tutti i piani. Camere da 1, 2, 3 letti e camere da 6 letti (cuccette). Piccola colazione e tasse incluse.

schon bald die Frage, wo die meist mittellosen Mädchen, die, einem Stelleninserat folgend, in die fremde Stadt gereist waren oder auf der Durchreise einen Zwischenstopp einlegen mussten, sicher untergebracht werden konnten: «Bis spät in die Nacht muss man Obdach für junge Mädchen suchen. Die Arbeit geht auch ausserhalb des Bahnhofs weiter, man kann sie nicht mit Uniform und Armbinde ausziehen.»[132] In logischer Konsequenz wurden von den Freundinnen um die Jahrhundertwende in der ganzen Schweiz Unterkunftsmöglichkeiten für junge Frauen geschaffen.

Die ersten FJM-Heime – erschwinglicher Wohnraum an zentraler Lage

Die Bahnhofhelferinnen und ihre «Stüblis» waren und blieben über Jahrzehnte die erste wichtige Anlaufstelle für die Zielgruppe der FJM. Aus diesem Angebot entwickelte sich jedoch schon bald ein weiteres Haupttätigkeitsfeld des Vereins: das Betreiben von sicheren, preisgünstigen und zentral gelegenen Unter-

Alles, was frau auf Reisen braucht: achtzig Betten, fliessendes Wasser, Frühstück. Damals wie heute wirbt das Hotel Marta mit den Eigenschaften «zentral, stilvoll, preiswert».

künften nur für Frauen. Die Arbeit im Kontext der FJM-Heime und -Pensionen wurde in der Verbandszeitschrift bereits 1925 «als greifbarste Tätigkeit der Freundinnen» neben der Bahnhofhilfe beschrieben.[133] Die Unterkunft war nicht gratis, doch sollte sie für die jungen Frauen erschwinglich sein. Darüber hinaus bestand die Möglichkeit, die Aufenthaltskosten in besonderen Härtefällen aus einer entsprechenden Hilfskasse des Vereins zu decken.

In den meisten Heimen entstanden zudem «Stellenvermittlungs- und Erkundigungsbureaux» fürs In- oder Ausland. Diese waren für den Fall gedacht, dass sich eine angebotene Dienststelle als ungeeignet oder die im Inserat angegebene Adresse als falsch erwies. Bis 1916 verfügten bereits 13 der damals 18 kantonalen Sektionen über Büros dieser Art, in der Sektion Aargau gehörte ab 1909 auch eine Kinderkrippe zum FJM-Angebot.[134] Der Aufbau und das Betreiben von Heimen bildeten in den folgenden Jahrzehnten einen bedeutenden Schwerpunkt der Vereinsarbeit. Anhand dieses Tätigkeitsbereichs lässt sich auch eindrücklich

Auch in der früheren Dienstbotenherberge, dem Zürcher Martahaus an der Zähringerstrasse 36 – damals noch mit Dachterrasse –, befand sich lange Zeit eine Stellenvermittlung.

MAISON DES AMIES
DE LA JEUNE FILLE

NEUCHATEL

Promenade-Noire 10
Téléphone 5 55 51

illustrieren, wie die Freundinnen von Anfang an verschiedene Rollen einzunehmen wussten: als sozial engagierte, stille Wohltäterinnen im Bereich der Fürsorge einerseits und als geschäftstüchtige Immobilienbewirtschafterinnen andererseits.

Angesichts der zentralen Rolle, die der Westschweiz bei der Gründung des internationalen Vereins der FJM 1877 zukam, dürfte es kaum überraschen, dass die ersten FJM-Heime ihre Tore in der Romandie öffneten: Bereits ab den 1870er-Jahren entstanden in den Sektionen Neuenburg und Waadt sogenannte «Homes» sowie ein «Asile temporaire». Doch auch in der restlichen Schweiz stieg die Nachfrage nach erschwinglichen Wohn- und Schlafmöglichkeiten für die ankommende oder durchreisende junge weibliche Arbeiterschaft. Ende des 19. und Anfang des 20. Jahrhunderts wurden deshalb schweizweit zahlreiche weitere Unterkünfte ins Leben gerufen. Der erste Gesamtbericht der schweizerischen FJM von 1916 erwähnt für die damals 18 kantonalen FJM-Sektionen der Schweiz insgesamt 28 «Anstalten», davon 19 in der Deutschschweiz, 7 in der Romandie und 2 im Tessin: von «Mädchenher-

Im Neuenburger Freundinnenhaus liess es sich auch ohne Übernachtung günstig essen: So kostete ein «Diner» im September 1943 bescheidene 1.80 Franken, ein «Souper» gar nur 1.20.

bergen» und «Mädchenheimen» über ein «Asyl für schutzbedürftige Mädchen» und diverse «Marthahäuser» bis hin zu einzelnen «Logierzimmern». Darüber hinaus gründeten die Freundinnen im Rahmen ihrer fürsorgerischen und erzieherischen Tätigkeit bis 1916 auch je ein Erholungs-, Ferien- und Kinderheim sowie zwei Haushaltungsschulen.[135]

Noch bis in die 1970er-Jahre gelangten die FJM in den Besitz neuer Häuser. Allerdings verzichtete der Verein zunehmend darauf, diese selbst zu betreiben. So wurden etwa Haus und Garten der Liegenschaft in Fenin, die den FJM 1979 zusammen mit einem Geldbetrag von einer Gönnerin als Dank für eine Dienstleistung der Bahnhofhilfe vermacht worden waren, zinslos dem Verein Le Patriarche Suisse, später Vita Nova Suisse, überlassen. In Fenin wurden Drogenabhängige aufgenommen und mithilfe von Arbeitstherapie auf den Wiedereinstieg ins Berufsleben vorbereitet. Die Freundinnen hofften, damit «einen kleinen Beitrag zur Lösung dieses Problems, das uns alle angeht, zu leisten».[136] Die Bestrebungen der FJM, ihren Wirkungskreis im 20. Jahrhundert auf

Bienvenue depuis 1928! – Pas de messieurs! Das ehemalige «Home Bienvenue» für Mädchen bis 25 wurde in den 1950er-Jahren zur Pension und beherbergt heute Frauen ab 18 Jahren.

andere Bereiche und Zielgruppen auszuweiten, lassen sich somit auch anhand ihrer Liegenschaften illustrieren.

Unterstützung von Familien,
von der Kirche und vom Staat

Der Netzwerkgedanke, der den verschiedenen Tätigkeiten der FJM seit der ersten Stunde zugrunde lag, kam auch bei einzelnen Liegenschaften zum Tragen. Zwar wurden bestimmte Räumlichkeiten, wie beispielsweise das von 1931 bis 1955 betriebene FJM-Heim in Solothurn, mangels eigener Alternativen nur gemietet, häufig gelangten die Häuser jedoch durch Stiftungen und Vermächtnisse in den Besitz des Vereins oder wurden von diesem käuflich erstanden. So erwarb 1928 die waadtländische Sektion der FJM die heutige Pension Bienvenue aus dem Besitz der einflussreichen Lausanner Familie Mercier. Andrée Mercier, ab ihrer Heirat 1914 Cuendet, war die Tochter des verkaufenden Mäzens und ehemaligen Gemeinderats Jean-Jacques Mercier und leitete

Bis 2002 befand sich in der Pension Bienvenue an der Rue du Simplon 2 in Lausanne auch ein Vermittlungsbüro, das Au-pairs bei der Suche nach einer Gastfamilie unterstützte.

von 1928 bis 1975 die Geschicke der Société des Amies de la Jeune Fille à Lausanne.[137]

Eine solch enge Verbindung zwischen einer FJM-Liegenschaft und einzelnen Freundinnen wie in Lausanne lässt sich in der Vereinsgeschichte mehrfach feststellen. Zum Beispiel befand sich das allererste Marthahaus in Biel, damals noch «Asyl» genannt, von 1886 bis 1927 in der Privatwohnung der Präsidentin Frau Humbert an der Neugasse: In zwei Zimmern wurden Dienstmädchen aufgenommen, die sich von dort aus eine Stelle suchen konnten. Erst als die Wohnung zu klein wurde, mietete der Verein bis 1956 eine Dachwohnung im Bieler «Schweizerhof», ab 1959 befanden sich die Zimmer der FJM-Pension Farel-Haus am Oberen Quai 12.[138] Auch das 1915 von den FJM gekaufte Nachbarhaus des Kinderheims Redlikon stammte aus dem Privatbesitz der Heimgründerin und damaligen Präsidentin des Zürcher Martha-Vereins, Emma Schneeli-Berry.

Häufig durften die FJM bei der Gründung neuer Heime auch auf die Unterstützung ihres Netzwerks in den lokalen Kirchge-

Das Marthaheim Herisau (Bild um 1930) wurde 1894 vom Verein zur Hebung der Sittlichkeit gegründet. Wie sehr die FJM im Betrieb involviert waren, lässt sich nicht sicher sagen.

meinden zählen. So wurden die FJM bei der Gründung des «Asyls für schutzbedürftige Mädchen» 1888 in St. Gallen – der FJM-Gesamtbericht von 1916 nennt als Gründungsjahr 1889 – vom sozialpolitisch äusserst aktiven Pfarrer zu St. Leonhard, Ernst Miescher, unterstützt. Die Institution bestand unter dem Namen «Töchterheim Wienerberg» noch bis 1974.[139]

Im Kontext der Verstaatlichung des Fürsorgebereichs wirkte bei Heimgründungen ab den 1920er-Jahren neben der Kirche zunehmend auch der Staat unterstützend mit. So etwa beim Anna-Stokar-Heim, das im Januar 1955 als Ersatz für das baufällig gewordene Marthahaus in Schaffhausen eröffnet wurde. Villa und Gelände gehörten ursprünglich dem Eidgenössischen Departement des Innern (EDI) und wurden der Schaffhauser Sektion der FJM «zu unentgeltlicher Benützung als Heim für Mädchen und Frauen überlassen».[140] Das EDI übernahm auch die Kosten für einige grössere Reparaturen und Installationen und überliess den Freundinnen zudem einen Grossteil des bestehenden Hausinventars.

Unabhängig von ihrer Beteiligung am Marthaheim (Bild um 1925) scheinen die FJM in Herisau ein eigenes «Frauen- und Töchterheim zum Lindenhof» betrieben zu haben.

Ob einzelne FJM-Liegenschaften mithilfe von Kirche oder Staat erworben wurden, lässt sich zuweilen an den Verhandlungen über deren Zweck ablesen. Während christliche Werte und evangelisches Gedankengut seit jeher die Basis der gesamten ehrenamtlich und fürsorgerisch ausgerichteten Freundinnenarbeit darstellten und den Alltag in allen Heimen entscheidend prägten, versuchte mitunter auch der Staat die Tätigkeiten der FJM zu beeinflussen. So regten die städtischen Fürsorgebehörden für das Schaffhauser Anna-Stokar-Heim 1956 den Versuch an, im Heim neben der eigentlichen Zielgruppe – in der Stadt arbeitende oder lernende junge Frauen – auch «uneheliche Mütter mit Kindern aufzunehmen».[141] Die Delegiertenversammlung der FJM lehnte eine Erweiterung des Aufgabenkreises in diese Richtung jedoch ab.

Sogenannte Marthahäuser wurden von den FJM in fast allen Kantonen betrieben, so auch in Luzern. Hier wurden neben dem Töchterheim auch Klubs und Stellenvermittlung angeboten.

Töchterpension
Stadelhofen

Stadelhoferstrasse 24
ZÜRICH 1
Telefon 2 24 95

Verein der Freundinnen
junger Mädchen

Komplexe Hausgeschichte:
das «Lady's First» in Zürich

Die einzelnen FJM-Liegenschaften weisen zum Teil eine komplexe Entwicklungsgeschichte auf: So wurden Räumlichkeiten gemietet und gekauft, Pensionen gegründet oder übernommen, Heime um Nachbarliegenschaften erweitert, Häuser umbenannt, mit anderen Vereinen gemeinsam geführt, an neue Standorte verschoben oder ganz abgestossen. Manchmal wurden Liegenschaften aber nur verkauft, um unter neuer Adresse – und allenfalls anderem Namen – eine weitere Unterkunft zu eröffnen.

So stand das FJM-Heim für junge Mädchen, das ab 1892 im Zürcher Marthahof mit 52 Betten und integrierter Dienstbotenschule betrieben wurde, ursprünglich an der Stadelhoferstrasse.

Wohl auch um Verwechslungen mit dem Marthahaus an der Zähringerstrasse – heute Hotel Marta – vorzubeugen, wurde das Heim im März 1936 in Töchterpension Stadelhofen umbenannt. 1950 wurde die in die Jahre gekommene Liegenschaft verkauft und als Ersatz das heutige Haus an der Mainaustrasse 24 im Zürcher Seefeld erworben. Die Pension Mainau bot hier ab 1951 «jungen Töchter[n] eine

Ab 1892 betrieben die FJM an der Zürcher Stadelhoferstrasse den «Marthahof» mit integrierter Haushaltungsschule. Erst 1936 wurde das Heim zur Töchterpension Stadelhofen.

TÖCHTER–PENSION

Mainau

VEREIN DER FREUNDINNEN JUNGER MÄDCHEN

MAINAUSTRASSE 24 ZÜRICH 8
TELEPHON 32 24 95

Zuflucht im Getriebe der Grossstadt».[142] Seit 2001 betreibt die
gemeinnützige Frauenhotel AG
in den ehemaligen FJM-Räum-
lichkeiten das Hotel Lady's First.

Als Ersatz für das alte Haus beim Stadelhofen erwarben die FJM 1950 das Gebäude an der
Mainaustrasse 24. In der früheren FJM-Pension befindet sich heute das Hotel Lady's First.

Sinn und Zweck der FJM-Heime im Wandel der Zeit

Verfolgt man die Geschichte der FJM-Liegenschaften bis zu ihren Anfängen in den 1870er-Jahren, fällt auf, dass bereits für die ersten Unterkünfte des Vereins eine Vielzahl verschiedener Bezeichnungen verwendet wurde.[143] Diese grosse Palette an Begrifflichkeiten ist zum einen typisch für die Schweizer Heimlandschaft im ausgehenden 19. und frühen 20. Jahrhundert: Zu dieser Zeit entstand ein immer grösser werdendes Netz an Institutionen, zu denen neben Erziehungsheimen auch Kinder-, Alters- und Erholungsheime sowie die später zum Teil stark kritisierten «Korrektions- und Irrenanstalten» gehörten.[144] Zum anderen lassen die Namen auf die unterschiedlichen Zweckbestimmungen der einzelnen FJM-Unterkünfte schliessen. Diese lassen sich grob in drei Kategorien unterteilen:

1. Die Bahnhof-, Durchgangs- oder Passantinnenheime waren für Kurzaufenthalte von Arbeiterinnen auf der Durchreise oder auf Stellensuche gedacht; der Bedarf an günstigem und siche-

Die Räume in den verschiedenen FJM-Häusern reichten je nach Ort, Zimmer- und Aufenthaltskategorie von eher spärlich eingerichteten Einzelzimmern in den Durchgangsheimen ...

rem Wohnraum für Frauen war insbesondere in den schnell wachsenden Städten gross – und ist es bis heute geblieben.

2. Demgegenüber waren die Pensions- und Töchterheime für längerfristige Aufenthalte berufstätiger, später auch studierender Dauergäste gedacht. Sie sollten den jungen Frauen als Daheim auf Zeit und in gewisser Hinsicht auch als Ersatzfamilie dienen.

3. Die dritte Unterkunftskategorie umfasste Nebenwerke wie die Dienstboten- und Haushaltungsschulen oder Kinderheime, die einen noch stärker erzieherisch ausgerichteten oder ausbildenden Ansatz verfolgten.

Darüber hinaus diskutierten die Freundinnen auch immer wieder neue Zwecke für ihre Häuser, wie beispielsweise 1944 die Gründung eines Heims für sogenannte Übertagsangestellte, die nur tagsüber im Haushalt arbeiteten und entsprechend nicht dort wohnten, in Solothurn und Biel.[145] Diese von Elisabeth Zellweger angeregte Idee scheint jedoch nie in die Tat umgesetzt worden zu sein.

... bis zu den auf längere Aufenthalte ausgerichteten, mit Kommode, Tisch, Stühlen und Sofa wohnlich eingerichteten Pensions- und Töchterheimen. Ort unbekannt, Aufnahme um 1925.

Die Grenzen zwischen den einzelnen Kategorien waren häufig fliessend. So beschreibt die Präsidentin der Hauskommission des Marthahauses Zürich, R. à Porta-Frey, 1986 den Zweck des 1888 im Haus zum Luchs an der Schipfe eröffneten ersten Zürcher Mädchenheims folgendermassen: «Das Marthahaus war, wie es damals hiess, ein Asyl zur Erziehung schutzbedürftiger Mädchen und gleichzeitig ein Heim für Stellensuchende, Schülerinnen und Durchreisende. Es galt, diese auch vor Prostitution und Mädchenhandel zu schützen.»[146] Noch Mitte der 1920er-Jahre sollten die FJM-Heime gemäss der offiziellen Verbandzeitschrift nicht nur Unterkunft, sondern eine «Heimstätte sein für solche, die aus irgend einem Grunde, dauernd, oder auch nur vorübergehend, nicht in der eigenen Familie weilen können».[147] Innerhalb dieser Heimersatzfamilien kam stets auch dem erzieherischen Aspekt eine zentrale Bedeutung zu.

Die Erziehung der jungen Mädchen zur sittlichen Festigkeit und zu einem moralisch richtigen Lebenswandel war für die FJM wie auch für verschiedene andere bürgerliche Frauenvereine der

Das erste Zürcher Mädchenheim der Freundinnen Junger Mädchen wurde 1888 unweit des Hauptbahnhofs im Haus zum Luchs an der Schipfe eröffnet.

Zeit eines der wichtigsten Instrumente im Kampf gegen die Prostitution. Konnte diese von den Eltern nicht gewährleistet werden,
stellten die FJM mit ihren Heimen und Pensionen einen alternativen Erziehungsraum zur Verfügung. Für die Leitung der FJM-
Heime und die damit einhergehende Aufsicht über die ihr zum
Schutz befohlenen Töchter war bezeichnenderweise noch in den
1920er-Jahren die sogenannte Hausmutter zuständig. Dem christlichen Grundgeist entsprechend, wurde diese Rolle beispielsweise im Zürcher Marthahaus an der Zähringerstrasse 36 – heute
Hotel Marta – bis 1963 von «Diakonissinnen aus dem Mutterhaus
Zollikerberg» ausgefüllt.[148]

Die Hausmütter sorgten nicht nur dafür, dass die offizielle
Hausordnung eingehalten wurde, sie nahmen ihre erzieherischen
Aufgaben im Heimalltag auch ganz nebenbei wahr. So wurden
zum Beispiel Mahlzeiten dazu genutzt, «um in möglichst harm-
loser Weise auf üble Gewohnheiten und unpassendes Benehmen
aufmerksam zu machen».[149] Allerdings stiessen die strenge mütterliche Überwachung und der religiös-erzieherische Ton in den

Drei Frauen, vermutlich sogenannte Hausmütter, um 1925 vor einem FJM-Heim. Die
Heimleiterinnen unterstützten ihre «Töchter auf Zeit» mit elterlichem Schutz und Rat.

FJM-Heimen bei der weiblichen Klientel ab der Zwischenkriegszeit je länger, je weniger auf Anklang.

Grössere Freiheiten und die daraus resultierende zunehmende Selbstständigkeit der jungen Frauen in der Gesellschaft er-
schwerten es den Leiterinnen, den Alltag in der Heimfamilie weiterhin nach alten Regeln zu gestalten und dabei den christlichen
Grundgedanken der Freundinnenarbeit an die Frau zu bringen.
Dennoch gelang es vielen FJM-Heimen, ihre Struktur den neuen
Ansprüchen ihrer Zielgruppe zumindest vorübergehend anzupassen. Im Gegensatz dazu wurden die Haushaltungs- und Dienstbotenschulen der FJM ab den 1930er-Jahren zusehends von Angeboten anderer Vereine oder staatlicher Institutionen verdrängt.

Frauenspezifische Bildungsräume –
Arbeitserziehung zur Hauswirtschaft

In den Anfängen verfolgten die FJM wie auch andere Sittlichkeitsvereine vor allem ein Ziel: den Abstieg junger Frauen in die Pros-

Geselliges Beisammensein in der Ersatzfamilie: Der Aufenthaltsraum im Marthahaus Zürich
diente Betreuerinnen und Bewohnerinnen zum Musizieren, Nähen oder Lesen (Bild um 1925).

titution zu verhindern. Dies sollte nicht nur durch die moralische Erziehung, sondern auch durch die Ausbildung der jungen Frauen zu einer sinnvollen und nützlichen Arbeitstätigkeit erreicht werden. Insbesondere ab dem letzten Viertel des 19. Jahrhunderts entstanden in der Schweiz zu diesem Zweck zahlreiche Heime für junge Frauen, deren Fokus auf der Vermittlung typisch weiblicher Tätigkeiten rund um den Haushaltsbetrieb lag. Damit wurden diese auf ihre berufliche Zukunft als Dienstmägde oder Schneiderinnen sowie auf ihren Alltag als tüchtige Hausfrauen und Mütter vorbereitet.[150]

Auch die von den FJM gegründeten Haushaltungsschulen lassen sich in dieser Tradition verorten. Bereits 1890 waren in verschiedenen Schweizer Städten FJM-Heime in Betrieb, in denen junge Mädchen während der Zeit, in der sie auf ein Stellenangebot oder ihre Weiterreise warteten, eine gezielte Schulung in frauennützlichen Tätigkeiten erhielten. Aus den ersten Flickkursen, die oft der Instandstellung der eigenen, bescheidenen Garderobe dienten, entstanden später die «Flick- und Nähabende» oder

Bei der Hausdienstlehre (Bild um 1930) verrichteten junge Frauen nicht nur verschiedene Arbeiten rund ums Haus und im Garten ...

«Flickschulen» der FJM, die als Fürsorgeeinrichtungen einem weiteren Interessenskreis offenstanden. Noch 1986 bot die Sektion Winterthur «Nähkurse in drei Quartieren» an.[151]

Professioneller aufgezogen waren die sogenannten Dienstboten- oder Haushaltungsschulen, die um die Jahrhundertwende in den Kantonen Basel, Graubünden, Neuenburg, Waadt und Zürich entstanden.[152] Diese waren meist einem bereits bestehenden Heim angeschlossen und sollten neben der Vermittlung praktischer weiblicher Fähigkeiten, wie Kochen, Zimmerdienst, Flicken, Nähen und Waschen, dazu dienen, «die jungen Töchter auch in ihrem Benehmen und im Service zu schulen, um sie an ‹gehobene Ansprüche einer Dienstherrschaft› zu gewöhnen».[153] Von den technischen Berufsschulen für Knaben, wie sie Ende des 19. Jahrhunderts in den grösseren Schweizer Städten entstanden, waren diese nach wie vor soziologisch und ideologisch begründeten Ausbildungsstätten für Mädchen weit entfernt. Zwar hatte die schweizweite Einführung der allgemeinen Schulpflicht 1874 die Bildungssituation für beide Geschlechter verbessert, doch la-

... auch in der Küche der Haushaltungsschulen oder FJM-Heime erlernten sie das nötige Rüstzeug, um ihrer künftigen Rolle als Dienstbotin, Mutter oder Hausfrau gerecht zu werden.

gen die Schwerpunkte in der Mädchenbildung weiterhin auf dem Handarbeits- und Haushaltungsunterricht – häufig auf Kosten der als männlich aufgefassten Kompetenzen wie Schreiben und Rechnen.

Während sich die Dienstboten- und Haushaltungsschulen der FJM in der Regel an eine nachschulpflichtige Klientel richteten, nahm das 1899 auf Initiative der Zürcher Präsidentin Emma Schneeli-Berry gegründete Kinderheim Redlikon oberhalb von Stäfa auch jüngere Kinder auf. Nach einer Zwischennutzung als Erholungsheim für junge Mädchen wurde es im Frühjahr 1904 «seiner eigentlichen Bestimmung»[154] zugeführt und beherbergte bis zu seiner Schliessung am 26. April 1936 um die zwanzig Mädchen im Alter von 5 bis 16 Jahren aufs Mal. Die jungen Frauen wurden nach Vollendung der obligatorischen Schulzeit hauptsächlich in hauswirtschaftlichen Belangen geschult. Zur Vertiefung wechselten einige Mädchen an die vereinseigene Dienstbotenschule im Marthahof beim Zürcher Stadelhofen; diese existierte von 1892 bis 1931. Andere wiederum traten eine

Nähen statt Algebra: Trotz allgemeiner Schulpflicht standen in der Mädchenbildung noch lange die für Frauen «nötigen» Handarbeiten im Vordergrund. Nähkurs in Winterthur um 1925.

Dienststelle oder eine Lehre zu einem typischen Frauenberuf als Schneiderin oder Näherin an. In seltenen Fällen wird in den Jahresberichten auch vom Übertritt in eine weiterführende Sekundarschule berichtet.[155]

Die Schaffung sowohl der Dienstbotenschulen als auch des Kinderheims im ausgehenden 19. Jahrhundert wurde von den FJM unter anderem mit dem herrschenden Mangel an gutem Dienstpersonal begründet: «Unsere ehrbaren einfachen Mädchen alten Schlages, die in ernster Gesinnung nach jeder Richtung in ihrer Stellung bleiben wollen, werden immer seltener.»[156] Je früher man also «das Heranbilden verlassener Kinder gerade zu diesem so wichtigen Berufe» in Mädchenheimen in Angriff nehmen konnte, desto besser.[157]

Ein weiteres wichtiges Motiv bestand aber auch in der grundsätzlichen Umerziehung der Mädchen. Der Topos der arbeitsfaulen und eitlen Prostituierten war Ende des 19. Jahrhunderts in bürgerlich-protestantischen Kreisen weit verbreitet. Vor allem junge Frauen aus der Arbeiterschicht galten aufgrund mangeln-

Nicht nur in den Schulzimmern, auch in den Aufenthaltsräumen der FJM-Heime und -Pensionen wurde meist frauentypischen Aktivitäten nachgegangen.

der elterlicher Aufsicht und Erziehung als besonders gefährdet, auf moralische Abwege zu geraten.[158] Daher wollten die FJM ein Angebot schaffen für weibliche Jugendliche, die «entweder aus schlechten Einflüssen entfernt werden müssen oder die, als lasterhaft beanlagt, einer liebevollen, aber strengen und konsequenten Leitung übergeben werden sollten».[159]

Unter diesen Umständen überrascht es nicht, dass neben dem wohltätigen Freundinnengeist bisweilen auch ein strengerer Wind durch die FJM-Heime wehte. So wird beispielsweise die Behandlung der «sittlich gefährdeten» oder «verwahrlosten» jungen Frauen zwischen 17 und 21 Jahren im St. Galler «Asyl für schutzbedürftige Mädchen» von der heutigen Forschung eher kritisch betrachtet.[160] Auch das «Arbeiterinnenheim» in Winterthur, wo 1900 das 7. und 8. Schuljahr eingeführt wurden, musste bereits wenige Jahre nach seiner Gründung wieder geschlossen werden, denn «die Mädchen scheuten die strenge Hausordnung».[161] Umgekehrt berichteten Heime wie der Luzerner Johanniterhof, ein 1912 gegründetes «Heim für Durchreisende und Ratsuchende»,

Beim Sticken, Nähen und Flicken unter Anleitung – im Bild: Mädchenhort Winterthur um 1920 – erlernten die Mädchen nicht nur nützliche, traditionell weibliche Fähigkeiten …

auch von negativen Erfahrungen mit jungen Frauen, die wiederholt versuchten, «die FJM auszunützen, indem die unentgeltliche Hilfe bei Unterkunft und Stellensuche in Anspruch genommen, angebotene Stellen jedoch als nicht passend abgelehnt wurden».[162] So galt es für die FJM, die Balance zwischen Angebot und Bedarf sowie Sozialdisziplinierung und Servicedienstleistung stets von Neuem auszuloten.

Neuausrichtung der FJM-Heime seit der Zwischenkriegszeit

Ab den 1920er-Jahren lässt sich im anfänglich stark religiös und erzieherisch geprägten Alltag der FJM-Heime eine Anpassung an die neuen gesellschaftlichen Verhältnisse feststellen. Ein besseres landesweites Schulungsangebot, dank dessen ein Grossteil der jungen Frauen während ihrer Ausbildung weiterhin zu Hause wohnen konnte, sowie die wirtschaftliche Krise der Zwischenkriegszeit führten in vielen FJM-Pensionen zu Auslastungs- und

... Unterricht und gemeinsame Mahlzeiten wurden gleichzeitig auch dazu genutzt, den jungen Frauen wichtige Tugenden wie Fleiss, Ordnung, Geduld und Sittsamkeit zu vermitteln.

Budgetproblemen. Die neuen Umstände wirkten sich auch auf die Zielgruppe des Vereins aus: «Unterkunftsstätten für stellenlose Mädchen sind fast überall überflüssig geworden; dafür aber klopfen während der Zeit der Rationierung und Lebensmittelknappheit viele alleinstehende selbständig Erwerbende an unsere Tür.»[163] Zudem wurden den FJM-Heimen im Zuge der damals einsetzenden Verstaatlichung der Jugendfürsorge von den öffentlichen Ämtern zunehmend junge Mädchen aus oftmals zerrütteten Verhältnissen zugewiesen – nicht immer zur Freude der betroffenen Heimleiterinnen.[164] Der Zweite Weltkrieg führte schliesslich zu einer erneuten und grundlegenden Veränderung in der Schweizer Heim- und Pensionslandschaft.

Der Rückgang an Passantinnen infolge der geschlossenen Grenzen und des Dienstbotenmangels verringerte in der ersten Hälfte der 1940er-Jahre zwar die Fluktuation innerhalb der FJM-Heime, ihre gute Auslastung blieb jedoch unverändert: «Typische Passantinnenhäuser, wie zum Beispiel das Marthahaus in Zürich, werden immer mehr zu Pensionsheimen. Als solche sind unsere

Das Sihlwartheim der FJM wurde im Jahr 1910 an der Zürcher Gerechtigkeitsgasse 26 eröffnet. Im Haus befand sich zuvor das bereits 1888 gegründete Freie Gymnasium Zürich.

Töchterpension

Sihlwart

Gerechtigkeitsgasse 26 - Tel. 3 48 12

ZÜRICH 1

*Verein der Freundinnen
junger Mädchen*

Häuser gesuchter als unmittelbar vor dem Krieg.»[165] Die gute Belegung der FJM-Heime in den grossen wie auch kleinen Schweizer Städten in den Jahren 1942 und 1943 erklärte der Verein unter anderem mit den Rationierungsschwierigkeiten, aufgrund derer viele andere kleine Privatpensionen während des Kriegs eingegangen waren. In diesem Zusammenhang ist auch die folgende Feststellung für dieselbe Zeitspanne zu verstehen: «Nicht unwesentlich [für die gute Auslastung] mag wohl die preiswerte und doch gehaltvolle Verpflegung sein.»[166]

Im Allgemeinen erhöhte sich in den Heimen in dieser Zeit die Zahl der auswärts wohnenden Mittagsgäste, zum Beispiel der Schülerinnen vom Land, die in der Mittagspause nicht nach Hause gehen konnten. La Chaux-de-Fonds verzeichnete gar «als Unikum einen Mittagstisch für Schulbuben, eine ‹table de garçons›».[167] Die zunehmend geschlechtergemischten Mittagstische für Schülerinnen, Studenten und Lernende gehörten denn auch zu den FJM-Freizeitwerken, die sich in Bern, Basel und im Aargau noch am längsten hielten.

Wie viele andere FJM-Heime wurde auch das Haus Sihlwart später in «Töchterpension» umbenannt. 1973 wurde die Pension geschlossen und die Liegenschaft verkauft.

Heim vom Verein
„Freundinnen junger Mädchen"

PASSANTENHEIM
NEUES TÖCHTERHEIM
Lutherstraße 20 :: Zürich 4

*

Unterkunft für allein reisende
Damen mit bescheidenen Ansprüchen
Zimmer mit 1 Bett *3* ÷ *4.* Fr. ....
Zimmer mit 2 Betten *3* . Fr. ....
Zimmer mit 3 Betten *2 ?0* Fr. ....
Zimmer mit 4 Betten *2* ÷ Fr. ....
Frühstück, Kaffee komplett Fr. *1.50*
Pension zu . Fr. *4.20* bis Fr. *7.—*
pro Tag, je nach Zimmer.

Trotz der grundsätzlich guten Auslastung erwähnt der Bericht des Schweizerischen Vereins der FJM für die Jahre 1942 bis 1944 auch die Schwierigkeiten derjenigen FJM-Häuser, die sich als ehemals grosse Passantinnenhäuser mit einer gut zahlenden ausländischen Kundschaft nun im Übergang zu einem Pensionsheim befanden und eine entsprechende Einnahmereduktion zu beklagen hatten: Wie in den heute noch existierenden Pensionen war auch damals der Tagespreis für eine Passantin höher als für eine länger im Haus wohnende Pensionärin.[168] Diesen Schwierigkeiten zum Trotz, und obwohl die Freundinnen in den folgenden Jahrzehnten auch immer wieder Häuser schliessen mussten – so zum Beispiel 1958 das Haus für aus dem Sanatorium entlassene Mädchen in Leysin –, betonen die FJM-Bulletins der 1950er- und 1960er-Jahre wiederholt die «Voll-, wenn nicht Übersetzung und dementsprechend[en] Einnahmeüberschüsse» ihrer Pensions- und Passantinnenheime aufgrund von Konjunktur und allgemeiner Wohnungsnot in den Städten.[169]

Ob Pension oder Töchterheim, ob für eine Nacht oder für längere Aufenthalte – die zentral gelegenen FJM-Unterkünfte sollten vor allem eines sein: kostengünstig.

MARTHAHAUS BERN

Viktoriastrasse 91

Von der Heimeligkeit zur «cosiness» –
auch Männer willkommen

War dem Aspekt der Geborgenheit und der Schaffung eines heimeligen Zuhauses in der Eigendarstellung der FJM bereits in den
dunklen Krisenjahren der beiden Weltkriege eine besondere Bedeutung zugekommen, betonte der Verein noch Ende der 1950er-
Jahre dieselbe Qualität. Allerdings wurde die Argumentation 1958
um eine zentrale Komponente ergänzt: «Unsere Heime sind nicht
nur billige Pensionen; vor allem soll in ihnen eine Atmosphäre
der Wärme und des Aufgeschlossenseins herrschen.»[170] Um die
Liegenschaften weiterhin möglichst voll nutzen und damit selbst-
tragend erhalten zu können, ging man seit dem Zweiten Weltkrieg vermehrt dazu über, deren Klientel zu erweitern und freie
Zimmer an Familien und in einigen Fällen sogar an männliche
Gäste zu vermieten. Darüber hinaus wurde im Lauf des 20. Jahrhunderts die obere Altersgrenze für Bewohnerinnen abgeschafft.
Im Fall der Lausanner Pension Bienvenue, die heute Frauen ab

In Bern eröffneten die FJM bereits 1886 ein Haus für Passantinnen. Das Hotel Marthahaus
existiert an anderer Adresse bis heute und wird seit 2020 durch die soziale Band-Genossenschaft Bern betrieben.

18 Jahren beherbergt, geschah dies allerdings erst relativ spät in den 1990er-Jahren. Auch der Küchendienst wurde zumindest teilweise aufgegeben und im Einklang mit den Bedürfnissen der grösseren Zahl an Halbpensionärinnen wurden Kleinküchen zum Selberkochen eingerichtet.[171]

Auf diese Weise konnte man sowohl den veränderten Lebensumständen als auch der zunehmenden Unabhängigkeit der weiblichen Bewohnerinnen gerecht werden. Die strengen Hausordnungen der Heime wurden vielerorts überarbeitet und den jungen Frauen damit mehr Freiheiten zugestanden. So steht im Besuchsheft des bereits 1892 in Zürich eröffneten FJM-Mädchenheims Marthahof, ab 1936 Töchterpension Stadelhofen, vom Juli 1932: «Allmählich [...] wird das Heim zur Pension. Die Mädchen haben immer mehr Selbständigkeitsdrang und wollen freier sein. Ein seriöser Freund darf im kleinen Wohnzimmer empfangen werden.»[172] Die langsame Lockerung der strengen Regeln sowie die zunehmende Verabschiedung vom Heimbegriff waren in den ersten Jahrzehnten des 20. Jahrhunderts ein schweizwei-

Hommage an die geistige «Urfreundin» Josephine Butler: Die frühere FJM-Pension Lutherstrasse am Zürcher Stauffacher trägt seit 2017 den Namen Josephine's Guesthouse for Women.

ter Trend. Die Umbenennung zahlreicher FJM-Unterkünfte vom Töchterheim zur Pension muss auch im Kontext der seit den 1920er-Jahren immer lauter werdenden Kritik am sogenannten Anstaltswesen betrachtet werden. Obwohl einige FJM-Häuser den Terminus «Heim» aus Gründen der zweckmässigen Abgrenzung weiterhin im Namen führten, waren sich auch die Freundinnen der bisweilen damit verbundenen negativen Assoziationen bewusst.

Von den 28 FJM-Liegenschaften, die der erste schweizerische Gesamtbericht von 1916 erwähnte, bestehen im Jahr 2021 noch deren sechs: je ein Hotel in Basel und Bern, zwei Hotels und eine Pension in Zürich sowie eine Pension in Lausanne. Allen gemeinsam geblieben ist die zentrale Lage sowie ihr sozialer Zweck, der die Tradition der FJM – wenn teilweise auch in anderer Form – weiterführt.

Die ehemalige FJM-Pension am Steinengraben 69 unweit des Bahnhofs SBB in Basel wurde 1993 zum modernen 3-Sterne-Hotel Steinenschanze umfunktioniert.

Unternehmerisch sozial – Häuser mit Mehrwert

Was die damalige Präsidentin des Zürcher Martha-Vereins 1928 anlässlich der Eröffnung des Neuen Töchterheims – seit 2017 Josephine's Guesthouse for Women – zum Zweck der Liegenschaft sagte, gilt bis heute: «Wollen wir wirklich nur gute und billige Unterkunft für unsre jungen Mädchen schaffen? Nein, wir möchten mehr. Wir möchten ihnen eine Heimat geben, wenn es sich auch oft nur um eine vorübergehende, kurze handeln kann. Es soll ein Ort sein, wo sie sich geborgen fühlen, wohin sie sich flüchten können mit all ihren Nöten und Sorgen, wohin sie aber auch ihre Freuden tragen können. Ein Haus, das ihnen [...] mit seiner ganzen Ordnung und Reinlichkeit ein Behagen bringen soll.»[173]

Dabei strichen die Freundinnen immer auch die Bedeutung der äusseren Umgebung auf dem Weg zu «wahrem Wohlsein» und göttlicher Kraft hervor: «Die Jugend braucht Schönheit, und wenn sie sie da nicht findet, wo sie mit Lauterkeit und Reinheit zusammengeht, so sucht sie sie eben anderswo, wo sie gleisst und

An der St. Jakobstrasse 28 / Lutherstrasse 20 beim Zürcher Stauffacher wurde von einem «Damencomité» bereits seit 1869 ein Töchterheim für junge Arbeiterinnen betrieben.

Neues Töchter-
und Passantenheim

Lutherstrasse 20 Zürich 4
Telefon 31.394

Verein der Freundinnen junger Mädchen

täuscht über trüben Wassern.»[174] Kein Wunder also, betonte man bei der Eröffnung des Neuen Töchterheims seine «freundlichen, luftigen Zimmer mit ihren frohmütigen Farben und Tapeten» genauso wie die «frohgestimmten Aufenthaltsräume» der 1959 eröffneten Pension Farel-Haus in Biel.[175] Die FJM-Liegenschaften reflektierten in ihrer Einrichtung stets den gerade herrschenden Zeitgeist: Waren die ersten Heime noch mit gespendeten Gegenständen möbliert, zeichneten für die Gestaltung der späteren Liegenschaften renommierte Architekturbüros verantwortlich; der Fokus auf Behaglichkeit und «cosiness» blieb aber stets bestehen. Auch dem Grundsatz, Frauen und zuweilen auch Männern ein angenehmes Zuhause für kurze oder längere Zeit zur Verfügung zu stellen, sind die vier Hotels und zwei Pensionen bis heute treu geblieben.

Mit seinen Räumen von Frauen für Frauen – zentral gelegen, erschwinglich und unkompliziert – sorgte der Verein damals wie heute dafür, dass Frauen weder geografisch noch sozial an den Rand gedrängt werden. Darüber hinaus stellen die sechs verblei-

Nach der altersbedingten Auflösung des «Damencomités» im Jahr 1919 wurde das Haus vom Zürcher Martha-Verein übernommen und ein Jahr später als Töchterheim St. Jakob eröffnet.

DACHGARTEN   LIEGESTÜHLE

benden Hotels und Pensionen eindrücklich unter Beweis, dass sich soziale Zielsetzungen auch im 21. Jahrhundert durchaus mit unternehmerischen Mitteln erreichen lassen. Allerdings befinden sich 2021 nur noch das Stadthotel Steinenschanze in Basel sowie das Hotel Marthahaus in Bern im Besitz der heute unter dem Namen Compagna agierenden kantonalen Vereine. Während Compagna Basel das Stadthotel bis heute selbst gewinnorientiert betreibt und mit den Einnahmen die verschiedenen anderen sozialen Angebote des Vereins finanziert, wurde der Betrieb des Berner Hotels 2020 an die sozial tätige Band-Genossenschaft Bern übergeben. Diese setzt sich für die Arbeitsintegration von Menschen mit Beeinträchtigung ein und verbindet dabei ökonomische, marktfähige Leistungen mit sozialem Mehrwert. Dasselbe lässt sich auch von den vier Häusern im Besitz der gemeinnützigen Stiftung Compagna Conviva behaupten.

Oasen der Erholung, Freizeit und Musse in einer urbanen Umgebung – das war der ursprüngliche Zweck der FJM-Pensionen. Dieser gilt auch in den heutigen Nutzungen der Liegenschaften noch.

Die Frauenhotel AG –
Schwestern mit Sinn und Gewinn

Um seine drei Liegenschaften in Zürich auch künftig mit dem ursprünglichen sozialen Zweck halten zu können, gründete Compagna Zürich 2016 die Stiftung Compagna Conviva und übertrug ihr die Hotel- und Pensionsliegenschaften an der Mainaustrasse 24, der Zähringerstrasse 36 und der Lutherstrasse 20. Compagna Waadt übertrug der Stiftung 2018 seine Pension Bienvenue an der Rue du Simplon 2 in Lausanne. Der Verein löste sich danach mit der Gewissheit auf, dass die Bestimmung des Hauses, wofür er seit 1928 eingestanden war, erhalten bleiben würde. Die Gründung von Compagna Conviva als neue Trägerin der Liegenschaften vereinfachte das Portfolio des Vereins Compagna Zürich, der sich fortan auf die SOS Bahnhofhilfe konzentrieren konnte. Die Stiftung ihrerseits legte den Akzent auf den langfristigen Erhalt der Liegenschaften im Interesse ihres gemeinnützigen Zwecks und verpachtete diese der 1998 gegründeten und

Hoch über den Dächern von Zürich liess es sich nicht nur prospektgerecht lesen und ausspannen, sondern an der frischen Luft auch gemeinsam die Tanzkünste perfektionieren.

ebenfalls gemeinnützigen Frauenhotel AG, die unter dem Namen Sinn & Gewinn Hotels auftritt.

Was mit einer zufälligen Begegnung begann, erwies sich für die beiden Organisationen als Glücksfall: So war Compagna Mitte der 1990er-Jahre auf der Suche nach einer Lösung für die Pension Mainau, die nicht mehr ausgelastet war, während die Frauenhotel AG zwar über ein modernes Konzept für die Arbeitsintegration von Frauen verfügte, nicht aber über die entsprechenden Hotelräumlichkeiten. 2001 wurde mit dem Hotel Lady's First in der ehemaligen FJM-Pension Mainau der erste Betrieb unter der neuen Trägerschaft eröffnet, das Hotel Marta folgte 2010, das Josephine's Guesthouse for Women 2017 und schliesslich 2018 die Pension Bienvenue in Lausanne.

Ganz dem ursprünglichen Freundinnengedanken entsprechend, arbeiten auch die Verwaltungsrätinnen der Sinn & Gewinn Hotels allesamt ehrenamtlich, wobei das Konzept der vier Betriebe sowohl operativ-marktorientierte als auch gemeinnützige Aspekte berücksichtigt. Alle Häuser bieten Übernachtung mit Früh-

Aus der früheren Frauenpension Lutherstrasse ist «Josephine's Guesthouse for Women» geworden. Ein Stück Zürcher Frauengeschichte wird damit neu interpretiert.

stück, alle befinden sich an bester Lage, und sie alle verbinden gemeinnütziges Engagement mit dem Streben nach finanziellem Gewinn – wenn auch mit unterschiedlichen Schwerpunkten.

Bei den beiden Zürcher Hotels Lady's First im Seefeld (3 Sterne, 28 Zimmer) und Hotel Marta beim Central (2 Sterne, 39 Zimmer) handelt es sich um Integrationsbetriebe, die Frauen mit psychischen oder kognitiven Beeinträchtigungen begleitete Arbeitsplätze sowie von der Arbeitslosenversicherung unterstützte Lehrstellen anbieten. Das Pilotprojekt Lady's First wurde ursprünglich als Stadthotel nur für Frauen eröffnet, wirtschaftliche Gründe zwangen die Betreiberinnen aber bereits ein Jahr später dazu, auch Männer zu beherbergen. Heute stehen beide Hotels allen offen, der Wellnessbereich im Lady's First ist jedoch nach wie vor exklusiv für Frauen reserviert.

Im Gegensatz zu den Hotels sind die beiden Pensionen Josephine's Guesthouse for Women am Zürcher Stauffacher (38 Zimmer) sowie die Pension Bienvenue in Lausanne (27 Zimmer) ausschliesslich Frauen vorbehalten. Zudem liegt der soziale

Das heutige Hotel Marta wurde 2010 eröffnet. Die denkmalgeschützte Fassade, die Wendeltreppe im Innern und der Frühstücksraum wurden von den W3Architekten sorgfältig renoviert.

Auftrag bei beiden Frauenpensionen nicht bei den integrativen Arbeitsplätzen, sondern in der Wohnnutzung: Die Zimmer sind vergleichsweise günstig, zudem sind einige davon für Frauen in schwierigen Situationen reserviert.

Die Häuser bleiben damit dem sozialen Spirit der Freundinnen der Gründungszeit treu. Während Letzteren die offizielle Anerkennung für die geleistete Pionierarbeit aber häufig verwehrt blieb, wurde diese im 21. Jahrhundert den Sinn & Gewinn Hotels zuteil: 2006 wurde das Hotel Lady's First für sein Zusammenbringen von Gewinnstreben und Gemeinnützigkeit mit dem «Swiss Award for Business Ethics» ausgezeichnet. Die *NZZ am Sonntag* kürte das Hotel 2018 zudem zum besten 3-Sterne-Hotel in Zürich.

Mit ihrem unternehmerisch-sozialen Engagement führen heute sowohl Compagna Conviva als Trägerin wie auch die Sinn & Gewinn Hotels als Betreiberin der ehemaligen FJM-Liegenschaften in Zürich und Lausanne die 135-jährige Tradition der Freundinnenarbeit weiter. Ebenso wie die heute noch aktiven Compagna-Vereine schreiben sie damit ein bedeutendes Stück

Spezialistinnen für Frauenräume auch heute noch: In zeitgemässer Frische und Gemütlichkeit bietet das Josephine's Guesthouse for Women in Zürich für die heutige Frau unterwegs einen stilvollen Ankerplatz.

Schweizer Frauengeschichte mit neuer Ausprägung fort. Die Verbesserung der zivilrechtlichen Stellung der Schweizer Frauen im Lauf des 20. Jahrhunderts sowie ihr allmähliches Vordringen in die politischen, wirtschaftlichen und damit öffentlichen Bereiche der Gesellschaft veränderten auch die Ansprüche an die von den FJM zur Verfügung gestellten Frauenräume. Doch obwohl sich die Schwerpunkte wie auch die Zielgruppe des Vereins in den letzten 135 Jahren immer wieder verlagerten, verstanden es die Freundinnen stets, die Zeichen der Zeit zu erkennen und ihr Engagement an die aktuellen Bedürfnisse und Herausforderungen anzupassen.

Die gesellschaftlichen, physischen, sozialen und medialen Räume, die von den FJM seit dem 19. Jahrhundert geschaffen wurden oder die sie im Rahmen ihrer Tätigkeit eroberten, sind ein direktes Resultat dieser Flexibilität. Während bereits die Freundinnen von damals den ihnen als Frauen zugestandenen Raum wirkungsvoll zu nutzen wussten, führt Compagna ihr Erbe heute weiter – und vergrössert damit fortlaufend den Handlungsspielraum künftiger Generationen.

1999 verabschiedeten sich die FJM von ihrem ursprünglichen Namen und stellten mit altem Engagement und neuen Projekten die Weichen für die künftige Tätigkeit der verbleibenden Compagna-Vereine.

Das Erbe der
Freundinnen lebt
weiter

«Neue Formen
für die alten,
grundlegenden
Gedanken»[176]

«Mit einem sicheren Blick, der sowohl auf die Bedürfnisse der Stunde als auch auf die Zukunft gerichtet war, gaben die Gründerinnen ihrem Verband der Freundinnen Junger Mädchen den Charakter spontanen wie rein persönlichen Wirkens, dem er seine Stärke und Anpassungsfähigkeit verdankt.»[177] Mit diesen Worten blickte der Schweizerische Verein der Freundinnen Junger Mädchen 1936 in seinem Jubiläumsbericht stolz auf fünfzig Jahre Freundinnenarbeit in der Schweiz zurück.

Auch heute, 135 Jahre nach der Gründung des Schweizer Zweigs – auf internationaler Ebene wären es 2021 gar 144 Jahre –, hat die Aussage noch ihre Berechtigung: Schliesslich besteht die grosse Stärke des Vereins bis dato in der Flexibilität wie auch im persönlichen, sozialen Engagement der einzelnen Mitglieder. 135 Jahre sind eine lange Zeit. Um bei ihrer sozialen Tätigkeit stets aktuell zu bleiben und den Bezug sowohl zum ursprünglichen Kerngedanken des Vereins als auch zu den relevanten Themen der Zeit nicht zu verlieren, mussten sich die FJM im Lauf ihrer Geschichte immer wieder neuen gesellschaftlichen Rahmenbedingungen anpassen. Die Frage, ob die Freundinnenarbeit noch zeitgemäss respektive wie das eigene Wirken zu gestalten sei, um die jungen Frauen und später auch weiter gefasste Zielgruppen zu erreichen, zieht sich denn auch wie ein roter Faden durch die Vereinsgeschichte.

Bereits 1926 war im Verbandsorgan davon die Rede, dass der Verein gerade «eine Wandlung, eine Anpassung an die völlig veränderten Bedürfnisse unserer Zeit, mehr als das: eine prinzipielle Neueinstellung» erfahre.[178] Diese neue Ausrichtung – unter anderem im Zuge der damals einsetzenden Verstaatlichung der Jugendfürsorge – führte einerseits dazu, dass sich die FJM in den folgenden Jahren verstärkt darum bemühten, mit ihren Anliegen an die Öffentlichkeit zu treten. Andererseits wirkte sie sich auch auf die Entwicklung der verschiedenen Werke der FJM aus.

Seit der Gründung des Schweizer Nationalverbands 1886 bis heute wurden die schweizerischen FJM-Werke regelmässig den Erfordernissen der Zeit angepasst: Tätigkeitsgebiete, die sich als überholt erwiesen oder von anderen Organisationen übernommen wurden, liess man fallen; neue Zweige wurden aufgenommen, andere in modernerer Form weitergeführt. So kümmerte sich die Bahnhofhilfe schon bald nicht mehr nur um junge Mädchen vom Land, um diese vor Prostitution und Mädchenhandel zu schützen, sondern nahm sich auch anderer unterstützungsbedürftiger Menschen an.

Die Klientel der Pensionen und Heime wurde ebenfalls grösser und gemischter, und der Aufgabenkreis der FJM erweiterte sich zunehmend in Richtung der allgemeinen Freizeitfürsorge für junge Frauen. Darüber hinaus verlagerte sich der Fokus des FJM-Engagements nach dem Zweiten Weltkrieg von der Vermittlung von Dienstboten hin zur Organisation von Au-pair-Plätzen: Aufenthalte im Welschland, im Tessin, vor allem aber auch in England waren bei jungen Schweizerinnen en vogue, und das internationale FJM-Netzwerk kam in diesem Bereich auch in der zweiten Hälfte des 20. Jahrhunderts erfolgreich zum Tragen.

Compagna, Begleitung im 21. Jahrhundert

Im Gegensatz zu den meisten anderen Frauenvereinen der Zeit war die Tätigkeit der FJM von Anfang an international ausgerichtet. In Ergänzung zu ihrem lokalen Engagement unterstützten die schweizerischen Freundinnen auch Werke im Ausland und pflegten eine enge Zusammenarbeit mit dem internationalen Mutterverein; dieser hatte seinen Sitz seit der Gründung 1877 in der Schweiz und war vor allem mit der Bahnhofhilfe in zahlreichen Ländern vertreten.

Nachdem sich der internationale Bund der Nationalvereine bereits 1960 aufgelöst hatte, suchte auch der Schweizerische Verein der FJM schrittweise eine neue Ausrichtung. Diese äusserte sich mitunter in seinem öffentlichen Auftritt: So wurde der siebenzackige Stern, seit 1899 das Signet und Erkennungszeichen des Vereins, in den 1970er-Jahren durch das Symbol des wachsamen Auges ersetzt. Dies nicht zuletzt deshalb, weil die Deutung des siebenzackigen Sterns mit den sieben Nationalvereinen der FJM nicht mehr bekannt war.

Die strategische Neuausrichtung gestaltete sich allerdings schwieriger: Obwohl Werke wie die Bahnhofhilfe oder die Nutzung einzelner Liegenschaften erfolgreich an die neuen gesellschaftlichen Bedingungen des ausgehenden 20. Jahrhunderts angepasst werden konnten, fielen andere, teils über Jahrzehnte erfolgreich geführte Angebote der Zeit zum Opfer. Langjährige Tradition und grosser persönlicher Einsatz reichten in einigen Fällen schlicht nicht aus, um die Werke in modernisierter Form ins neue Jahrtausend zu überführen: Freizeitangebote, Stellenvermittlungsbüros, Haushaltungsschulen und damit bisweilen ganze FJM-Sektionen wurden geschlossen oder anderen Trägerschaften übergeben.

In diesem Zusammenhang wurden in den 1980er-Jahren Stimmen laut, den veralteten Namen, der längst nicht mehr alle Einsatzgebiete und Zielgruppen des Vereins abdeckte, durch einen moderneren zu ersetzen.[179] Die Rufe wurden erhört, und zum neuen Jahrtausend wurde aus der leicht verstaubt wirkenden mütterlichen Freundin eine «Compagna», eine Begleiterin und Kameradin auf Augenhöhe. Seit 1999 agieren die heute noch in der Schweiz aktiven sechs gemeinnützigen Vereine unter diesem Namen.

2021 steht mit der Auflösung des Dachverbands Compagna Schweiz die nächste grosse Veränderung in der Geschichte des Vereins an – doch das Erbe der Freundinnen lebt weiter. Bereits 1986 meinte die damalige Zentralpräsidentin Liselotte Vontobel-Frick anlässlich des 100-Jahr-Jubiläums des Schweizerischen Vereins der FJM: «Wir dürfen uns nicht hundert Jahre alt, sondern müssen uns hundert Jahre jung fühlen, Lücken in den Strukturen unseres Sozialwesens erkennen und anpassungsfähig bleiben.»[180]

Diese Flexibilität konnten sich die verbleibenden Compagna-Vereine bis heute bewahren. Dies nicht zuletzt deshalb, weil die FJM-Arbeit in den lokalen und kantonalen Sektionen schon immer stark vom Engagement der jeweiligen Exponentinnen vor Ort geprägt war. Auch das aktuelle Angebot der Compagna-Vereine in Basel, Bern, Chur, Genf, in der Ostschweiz und in Zürich widerspiegelt diesen individuellen Ansatz, wenn auch nach wie vor mit klarem Bezug zu den ursprünglichen Tätigkeitsfeldern der FJM.

Beruf aus Berufung

Was 1877 mit der Initiative von 32 Frauen aus sieben Ländern zum Schutz junger Mädchen vor Prostitution und Mädchenhandel begann, bewegt die Mitglieder von Compagna noch heute dazu, sich ehrenamtlich für andere Menschen einzusetzen. Die Arbeit der FJM lebte stets vom freiwilligen sozialen Engagement einzelner Exponentinnen und ist dementsprechend geprägt von deren individuellen Stärken und Interessen. Doch obwohl das FJM-Netzwerk bereits in den 1930er-Jahren eher als «Verbindung von einzelnen Persönlichkeiten [...], und nicht von bestehenden Werken» betrachtet wurde, finden sich vor allem zu den Freundinnen der Gründungszeit kaum verlässliche biografische Angaben.[181] Dieser Mangel an Informationen zu den einzelnen Mitgliedern ist typisch für die frühen Frauenvereine und ein «Ausdruck der gesellschaftlichen Stellung der Frau und der traditionellen Geschichtsschreibung, in der die gesellschaftliche Arbeit der Frau zum grössten Teil unsichtbar blieb».[182]

Auch die heutigen Vereinspräsidentinnen wirken meist noch immer bescheiden im Stillen. Jedoch hat sich die Stellung der Frau sowie die Betätigung des Staates im sozialen Bereich und damit auch die Arbeit der Frauenvereine seit der Gründungszeit grundlegend verändert. Auf den folgenden Seiten werden einzelne Schlaglichter auf die aktuellen Projekte der Schweizer Compagna-Vereine und deren Präsidentinnen geworfen. Dabei zeigt sich, was im 21. Jahrhundert vom Ursprungsgedanken der Freundinnenarbeit weiterlebt.

Es klingelt. Die Tür öffnet sich und mit einem dankbaren Lächeln betritt Zsófia G. die Webergasse 15. Die grossgewachsene Frau streift ihre hochhackigen Schuhe ab, legt sich auf das Sofa und streckt vorsichtig die langen Beine aus. Seit Tagen plagen sie Rückenschmerzen. Eigentlich sollte sie sich nicht nur ein paar Minuten ausruhen, sondern mehrere Tage. So wie ihre Ärztin ihr dringend geraten hat. Doch dafür hat die 23-jährige Ungarin gerade keinen Nerv. Die gelernte Coiffeuse ist nur wenige Tage in Basel, und diese will sie bestmöglich nutzen. Nicht zum Shoppen. Auch nicht fürs Sightseeing. Zsófia verkauft in dieser Zeit ihren Körper.

Begegnungen mit Würde und Respekt

«Aliena ist oft der einzige sichere Raum, in dem sich die Sexarbeiterinnen zurückziehen können. Hier treffen sie auf Menschen, die sie respektvoll behandeln und denen sie vertrauen können», sagt Viky Eberhard. Vor zwanzig Jahren hat die heute 63-jährige Juristin im Auftrag von Compagna Basel die erste Beratungsstelle dieser Art in Basel aufgebaut. Die Finanzierung durch den Verein ermöglicht seither die kostenlosen Angebote. Zusammen mit ihrem Team von Sozialarbeiterinnen, Psychologinnen, Beraterinnen und freiwilligen Helferinnen setzt sich die gebürtige Peruanerin unermüdlich für die Anliegen der Frauen im Rotlichtmilieu ein.

Deren Situation habe sich über die Jahre zwar gewandelt, doch das Bedürfnis nach Unterstützung sei unverändert hoch: 2019 besuchten 1283 Frauen den Treffpunkt am Mittag, wo sie neben einer warmen Mahlzeit die Möglichkeit erhalten, an Workshops zur Polizeiarbeit oder einem Deutschkurs teilzunehmen. Ein Austausch mit den Mitarbeiterinnen der Partnerorganisationen Heilsarmee oder «Seelsorge im Tabubereich» zu Glaubensfragen steht ebenfalls im Angebot.

Vertrauen schaffen in der Fremde

Der Name der Beratungsstelle ist gut gewählt. Aliena ist lateinisch und bedeutet «die Fremde». Denn wie die Ungarin Zsófia sind die meisten Sexarbeiterinnen nicht nur Fremde in unserem Land – sondern vor allem in diesem Beruf. «Die Frauen träumen von einem Leben in Freiheit und Menschenwürde», sagt Viky Eberhard. «Doch die Realität ist davon weit entfernt. Für viele ist der Alltag in der Schweiz geprägt von Diskriminierung, Ausgrenzung und Rechtlosigkeit.»

Rund 2800 Frauen arbeiten in Basel im Sexgewerbe. Als Animierdamen in Bars oder in Salons. Die Sexarbeiterinnen in der Toleranzzone, wie der Strassenstrich in Kleinbasel heisst, arbeiten unter einem starken Konkurrenzdruck und bleiben meist nur kurz. Es bleibt wenig Zeit, um Geld zu verdienen. Wenig auch, um Vertrauen aufzubauen. Dies sei jedoch etwas vom Wichtigsten bei ihrer Arbeit, sagt die Leiterin von Aliena.

Wie schafft man also eine solche Vertrauensbasis mit Frauen, die vielleicht nur ein oder zwei Mal auf die Beratungsstelle kommen? Zuverlässigkeit, Kompetenz und Respekt seien die wichtigsten Faktoren. Die Frauen müssten immer stark sein, immer kämpfen und seien weit weg von ihrem vertrauten Umfeld. «Sexarbeiterinnen sind normale Frauen, die sich – nachdem sie alles andere versucht haben – für die Sexarbeit entschieden haben, um ihren Familien zu helfen. Deshalb sage ich ihnen: ‹Du bist ein wertvoller Mensch.› Das hören sie sonst von niemandem.»

Rita Coretti sitzt im Garten des Stadthotels Steinenschanze und kontrolliert die Buchungen der letzten Wochen. Seit über sieben Jahren engagiert sich die ehemalige Juristin ehrenamtlich als Präsidentin von Compagna Basel. Das Hotel unweit des Bahnhofs SBB gehört dem Verein und finanziert mit den Einnahmen zu einem grossen Teil dessen soziale Tätigkeiten. Von den Freundinnen Junger Mädchen hatte Coretti schon als Jugendliche gehört. «Das Logo der jungen Frau, die auf einem Koffer sitzt, ist ein starkes Symbol und hat mich damals sehr beeindruckt.» Als ihr ein Freund die Präsidentschaft antrug, zögerte sie keinen Augenblick: «In meiner Generation ist es für viele Frauen noch selbstverständlich, sich für die Anliegen unseres Geschlechts einzusetzen.»

Das Signet ist nur noch in der Hotellobby präsent, der ursprüngliche Name ist längst verschwunden. Denn die Hilfestellungen von Compagna Basel kommen heute allen Menschen, ob jung oder alt, ob Frau oder Mann, zugute: Neben dem Engagement von Aliena und der Führung des Hotels ist der Verein auch mit der SOS Bahnhofhilfe aktiv und betreibt eine Beratungsstelle für binationale Paare. «Meine Arbeit für Compagna hat mir einen vertieften Einblick in verschiedene Lebenswelten ermöglicht», sagt Rita Coretti, und fügt an: «Ich bin immer wieder tief beeindruckt, mit welchem Feuer sich die Betreuerinnen an der Basis engagieren.»

Ein kleines Stück vom Glück

Viky Eberhard begründet ihr grosses Engagement mit dem Solidaritätsgedanken. «Die Frauen unterstützen mit ihrer Sexarbeit ihre Familien und nehmen dafür Isolation und Stigmatisierung in Kauf», sagt die Leiterin von Aliena. Ihr Team könne sie nur ein kurzes Stück auf ihrem oft schweren Weg begleiten. Umso schöner sei es, wenn die Geschichten gut ausgehen. Wie die von Lara, die nach einigen Monaten auf der Strasse in ihre Heimat zurückkehrte. Kurz darauf erhielt Viky Eberhard eine Sprachnachricht von deren kleinem Sohn: «Vielen Dank, dass Sie geholfen haben, dass meine Mutter wieder bei mir ist.»

120 Jahre soziales Engagement

Bahnhofhilfe, soziales Engagement für Sexarbeiterinnen, eine Beratungsstelle für binationale Paare und ein Hotel: Compagna Basel betätigt sich noch heute in fast allen der ursprünglichen Hauptwirkungsfelder der FJM. Bereits vor der Gründung der kantonalen Sektionen Basel-Stadt (1886) und Basel-Land (1890) bestanden in Basel ab 1882 Werke unter dem Namen FJM.[183] Das jüngste und zugleich thematisch älteste Werk ist die Aliena – Beratungsstelle für Frauen im Sexgewerbe, die sich seit 2001 für die Verbesserung der Lebens- und Arbeitsbedingungen von Frauen, insbesondere Migrantinnen, im Sexgewerbe engagiert. Seit 1970 besteht die Beratungsstelle für Binationale Paare und Familien, ehemals Beratungsstelle für Ehen mit Orientalen, und schon 1920 erwarb der Verein das Haus am Steinengraben 69. Die dort eröffnete Mädchenpension wurde 1962 abgerissen und neu gebaut, 1993 wurde sie zum 3-Sterne-Hotel Steinenschanze. Dieses finanziert – seit 2009 unter dem Namen Steinenschanze Stadthotel – grösstenteils die sozialen Aktivitäten des Vereins.

www.compagna-bs.ch
www.aliena.ch
www.binational-bs.ch
www.bahnhofhilfe.ch

Compagna Genf: «Dankbarkeit und ein 174
die SOS Bahnhofhilfe Lächeln – jeden Tag»
und darüber hinaus

Bahnhof Lausanne, Mittwochmorgen: Der Zug nach Genf fährt ein. Emmanuelle Maillard verabschiedet sich von ihrem Mann und verspricht, sich nach der Ankunft bei ihm zu melden. Den weissen Stock in der Hand, steigt sie vorsichtig in den Wagen und sucht tastend nach einem freien Sitzplatz. Auch wenn die 68-jährige Freiburgerin jahrelang in Genf gearbeitet hat und die Strecke aus dem Effeff kennt: Diese Fahrt ist ein Abenteuer. Seit ihre Sehkraft immer mehr nachlässt, getraut sie sich kaum mehr alleine auf die Strasse, geschweige denn in eine andere Stadt. «Dank der Bahnhofhilfe, die mich am Perron abholt und zum Bus bringt, wage ich es heute zum ersten Mal nach zwei Jahren wieder, meine Freundin zu besuchen. Alleine – das macht mich glücklich. Und auch ein wenig stolz.»

Die Mutter Teresa von Genf Cornavin

France Rinsoz lächelt. Die Präsidentin von Compagna Genf kennt unzählige solcher Geschichten. Sie sind der Grund, wieso sich die gebürtige Waadtländerin so unermüdlich für hilfsbedürftige Reisende rund um den Bahnhof einsetzt, sodass sie auch «Mutter Teresa von Cornavin» genannt wird. Von der SOS Bahnhofhilfe, die in Genf vom lokalen Trägerverein Compagna geführt wird, erfuhr die ehemalige Hebamme vor sieben Jahren durch ein Zeitungsinserat. Zu dieser Zeit engagierte sie sich bereits in einem Verein für Menschen mit Behinderungen, doch in ihrem Kalender – und vor allem in ihrem grossen Herz – gab es noch freien Platz für ein weiteres soziales Engagement. Bereits nach dem ersten Einsatz war sie Feuer und Flamme: «Der Bahnhof ist eine Miniaturabbildung unserer Gesellschaft. Der direkte Kontakt mit unterschiedlichsten Menschen und ihren verschiedenen Bedürfnissen fasziniert mich immer wieder aufs Neue.»

Rund 117 000 Menschen frequentieren täglich die Perrons, Läden und die Halle des Genfer Bahnhofs, entsprechend gross ist die Hektik. Kaum jemand nehme Notiz von jenen, denen schwindlig ist, die den Weg zu den Gleisen nach Frankreich nicht finden, die Mühe haben mit dem Ein- und Aussteigen oder sich im allgemeinen Gewusel nicht zurechtfinden. Dabei sei das Bedürfnis nach Unterstützung gross und der Nutzen für die Reisenden unmittelbar: «Wir erleben jeden Tag, wie sinn- und wertvoll unsere Arbeit ist. 14 220 Einsätze verzeichnete die SOS Bahnhofhilfe 2019 alleine am Bahnhof Genf.»

Im Dienst der Menschlichkeit

Jeder Morgen beginnt mit dem obligaten Anruf an das Callcenter der SBB, das die Anfragen für Mobilitätsunterstützung aus der ganzen Schweiz sammelt. Die Bedürfnisse reichen von einfachen Auskünften über Hilfe beim Ausladen von Kinderwagen oder Rollstühlen bis zur Begleitung von Menschen mit einer geistigen Beeinträchtigung oder einer Sehbehinderung.

Zwischen den angemeldeten Terminen zieht das eingespielte Team seine Runden durch das Bahnhofsareal und hält nach Personen Ausschau, die Hilfe benötigen. Mit ihren orangen Gilets sind sie von Weitem erkennbar. Aufmerksamkeit, ein feines Gespür für heikle Situationen, grosse Lebenserfahrung und menschliche Reife sind bei diesem Job unabdinglich. Auch Fremdsprachenkenntnisse seien willkommen. «Die wichtigste Voraussetzung jedoch ist ein grosses Herz. Der Rest ergibt sich von selbst», sagt France Rinsoz, die ihre Funktion als Präsidentin von Compagna

Genf in der Tradition der Freundinnen der Gründungszeit ehrenamtlich ausübt. Das Engagement ihrer Mitarbeitenden hingegen wird zum grössten Teil durch die SBB finanziert, den Rest übernimmt der Verein. Doch der Lohn stehe nicht im Vordergrund. «Es ist eine wunderbare Arbeit», fügt Natalie an, die ihren Job im Gesundheitswesen aufgegeben hat, um für die Bahnhofhilfe tätig zu sein. «Ich biete meine Dienste an. Was bekomme ich dafür? Dankbarkeit und ein Lächeln – jeden Tag. Welcher andere Job kann einem das schon bieten?»

Im Geist der Gründerinnen

France Rinsoz betrachtet das kleine schwarz-weisse Foto, das im Büro der Bahnhofhilfe hängt. Es zeigt fünf Frauen in langen schwarzen Mänteln, mit Hüten und ernsten Gesichtern: «Ich habe enormen Respekt vor unseren Gründerinnen. Sie haben den Boden für unsere Arbeit vorbereitet. An uns ist es, ihn zu bepflanzen.» Das sind keine leeren Worte. 2017 weitete die umtriebige Präsidentin das Angebot von Compagna Genf aus und gründete «Mobilité pour tous». Der Transportdienst, der im Gegensatz zum kostenlosen Angebot der Bahnhofhilfe einen bescheidenen Betrag zwischen 10 und 15 Franken kostet, richtet sich an Menschen mit eingeschränkter Mobilität und wird zum grössten Teil vom Kanton finanziert. 14 Chauffeure fahren Kinder zur Therapie, Gehbehinderte zum Coiffeur, Gebrechliche zum Arzttermin. France Rinsoz kennt die meisten ihrer Schützlinge und springt zwischendurch als Fahrerin ein: «Mit den Stammkunden haben sich über die Jahre schöne Bindungen ergeben. Das gibt mir viel.»

Ihr neustes Projekt: die Wiederaufnahme der Bahnhofhilfe in Lausanne. Seit der Auflösung von Compagna Waadt ist das Angebot auf Eis gelegt. Die engagierte Präsidentin von Compagna Genf setzt alles daran, dass Reisende auch im Nachbarkanton wieder auf die Unterstützung der Bahnhofhilfe zählen können: «So tragen wir den Spirit der Gründerinnen mit viel Herzblut und Engagement weiter in die Zukunft.»

Sicheres Geleit

Mittag. Der Zug aus Lausanne fährt in Genf Cornavin ein. Gut sichtbar in ihrem orangen Gilet mit dem Emblem der Bahnhofhilfe steht Natalie auf dem Perron. Auch wenn ihr die Maske, die sie seit Beginn der Corona-Krise trägt, das Gesicht verdeckt – in ihren Augen spiegelt sich ein fröhliches Lächeln, als sie die Reisende mit dem weissen Stock und der dunklen Sonnenbrille in Empfang nimmt. Nach ein paar freundlichen Worten bietet sie der älteren Dame ihren Arm. Emmanuelle Maillard ist sichtlich erleichtert, und die beiden verschwinden plaudernd in der Menge Richtung Busbahnhof. Von dort aus findet sie den Weg zu ihrer Freundin wieder alleine.

SOS Bahnhofhilfe –
heute (fast) wie damals

Das Bahnhofwerk wurde Ende des 19. Jahrhunderts von den FJM ins Leben gerufen, um junge Frauen bei der Arbeitsmigration zu unterstützen. Wenig später engagierte sich auch der Katholische Mädchenschutzverein, heute Pro Filia. 2021 ist die SOS Bahnhofhilfe schweizweit an acht Standorten – Basel SBB, Bern, Biel, Chiasso, Genf Cornavin, Luzern, Olten und Zürich HB – präsent. Die Standorte in Basel und Genf werden von Compagna geführt, Zürich wird von Compagna und Pro Filia getragen, die restlichen Standorte lediglich von Pro Filia. Die SBB entschädigt die SOS Bahnhofhilfe für die Mobilitätsdienstleistungen. Während alle Stellen Mobilitätshilfe und Begleitung in vergleichbarer Weise anbieten, bestehen je nach lokalem Bedarf weitere Dienste. So bietet die SOS Bahnhofhilfe in Zürich begleitete Kindsübergaben vom einen zum anderen getrennt lebenden Elternteil an und sammelt Nahrungsmittel, die sie an Obdachlose und Bedürftige abgibt.

Im Hinblick auf die Auflösung des Dachverbands von Compagna Schweiz wurde die Bahnhof & Mobilität AG gegründet, die per 1. April 2019 den Vertrag mit den SBB und andererseits die Dienstleistungsverträge mit den lokalen Trägerschaften der SOS Bahnhofhilfe übernommen hat. Die Services der SOS Bahnhofhilfe sind seit jeher unentgeltlich.

www.bahnhofhilfe.ch
www.aide-en-gare.ch

Compagna Reisebe-
gleitung Schweiz:
Freiwillige im Einsatz

«Ich finde es spannend,
mich für ein Hilfswerk
zu engagieren, das
hauptsächlich von
Frauen geleitet wird»

Die Reisebegleitung ist eine Dienstleistung für alle, die im öffentlichen Verkehr unterwegs sind und nicht allein reisen wollen oder
können. Suzanne Gut, Geschäftsführerin und Präsidentin von
Reisebegleitung Schweiz, hat dieses Angebot aufgebaut und war
dabei auch wesentlich an der Neuausrichtung des Freundinnennetzwerks der letzten zwanzig Jahre beteiligt.

Die Compagna Reisebegleitung ist mit ihren zwanzig Jahren ein
verhältnismässig junges Werk und wurde von Compagna Reisebegleitung Schweiz im Auftrag des Dachverbands aufgebaut.
Worauf sind Sie besonders stolz?

> Einerseits auf unsere vielen langjährigen Kundinnen und
> Kunden. Nur ein Beispiel: Im zweiten Monat nach unse-
> rer Gründung kontaktierte uns ein Heim. Seither bringen
> wir dessen Bewohnerinnen und Bewohner, die am Wo-
> chenende nach Hause wollen, von Tür zu Tür. Auch von
> den Mitarbeiterinnen und Reisebegleitern sind mehrere
> schon seit Anbeginn dabei. Das gibt mir ein gutes Gefühl.

Sie haben die schweizweite Dienstleistung damals aufgebaut.
Wie kam es dazu?

Im August 1996 habe ich das Präsidentinnenamt der Sektion St. Gallen der FJM übernommen. Der Name des Vereins wirkte damals etwas verstaubt, eine Strategie auf schweizerischer Ebene fehlte. In einer Arbeitsgruppe mit der Präsidentin von Luzern und weiteren Mitgliedern haben wir eine Vereinsstrategie erarbeitet und den Namen 1999 zu Compagna geändert. Damit verbunden war ein neues Werk – die Compagna Reisebegleitung.

Stiess die Reisebegleitung sofort auf Interesse?

Zu Beginn hatten wir ein winziges Werbebudget. So bin ich quer durch die Schweiz gereist, um unser Angebot bei Vereinen, Pfarrämtern oder Heimen bekannt zu machen. Noch heute ist es nicht ganz einfach, unser Zielpublikum zu erreichen, weil die Buchungen in der Regel durch das Umfeld und nicht durch die begleiteten Personen erfolgen. Aber wir haben eine grosse Stammkundschaft und die Mund-zu-Mund-Propaganda funktioniert gut.

Compagna betrieb in der Ostschweiz einst verschiedene soziale Projekte, unter anderem eine Stellenvermittlung für Au-pairs und eine Ausbildungsstätte für Jugendliche mit einer Beeinträchtigung. Heute konzentrieren Sie sich ausschliesslich auf die Reisebegleitung. Was ist der Grund?

Dahinter stecken strategische Überlegungen. Au-pair-Stellen sind in der Schweiz schlicht nicht mehr gefragt. Unsere Ausbildungsstätte Auboden war eine Schule mit Internat und Ausbildungsbetrieben für Jugendliche mit einer Beeinträchtigung. Finanziert wurden die Anlehren durch die Invalidenversicherung (IV). Als die IV 2013 ihre Finanzierungspraxis änderte, schrumpfte die Zahl unserer Auszubildenden von einem Tag auf den anderen um die Hälfte. So haben wir die Institution per Mitte 2015 geschlossen, die Liegenschaft Mitte 2016 vermietet und im Jahr 2018 verkauft. Der Erlös wird seither von einem extra gegründeten Förderverein verwaltet, der die Reisebegleitung bei Bedarf finanziell unterstützt.

Das Angebot wird von St. Gallen aus gesteuert, gilt jedoch in der ganzen Schweiz und auf Wunsch sogar im Ausland. Was wird am meisten genutzt?

> 95 Prozent unserer Begleitungen finden im öffentlichen Verkehr und innerhalb der Schweiz statt. Aufträge fürs Ausland sind eher selten. Aber wir haben auch schon Kinder an den Flughafen Frankfurt oder nach Paris gebracht. Auch Ferienbegleitungen sind möglich, aber die Ausnahme. Erstens ist das kostspielig, und zweitens übernehmen unsere Begleiterinnen und Begleiter keine pflegerischen Dienstleistungen.

Wer nutzt Ihr Angebot?

> Wir haben eine grosse Stammkundschaft. So begleiten wir an Wochenenden häufig Menschen aus geschützten Werkstätten oder Jugendliche von Behindertenschulen zu ihren Familien. Kinder von getrennt lebenden Paaren bringen wir übers Wochenende zu den Eltern. An Werktagen begleiten wir Kinder und Jugendliche in Sonderschulen oder Betagte zu Arzt- und Therapiebesuchen. Und dann gibt es noch die individuellen Anfragen von Menschen, die sich im öffentlichen Verkehr unsicher fühlen und auf Unterstützung angewiesen sind.

Dafür braucht es ein grosses Netz an Begleitpersonen. Wie viele freiwillige Helferinnen und Helfer sind im Einsatz?

> Im Moment können wir auf die Hilfe von 180 Personen zählen. Wir haben das grosse Glück, dass wir seit Jahren keine Nachwuchsprobleme haben. Wenn wir einen Auftrag aus einem Gebiet erhalten, wo uns keine Begleitperson zur Verfügung steht, lassen wir unser privates Netzwerk spielen oder melden uns bei der Gemeinde. Bisher haben wir immer jemanden gefunden.

Seit der Gründung der Reisebegleitung hat sich die Welt stark verändert. Ist das Angebot nach wie vor gefragt?

> Unsere Hauptkundschaft lebt unter der Woche in Heimen und reist fürs Wochenende zur Familie. Das Bedürfnis ist also nach wie vor da. Dennoch waren die Zahlen in den letzten Jahren leicht rückläufig. Ich habe den Eindruck, dass das mit den Leistungskürzungen der IV

zusammenhängt, die diese Fahrten nicht mehr automatisch übernimmt.

Wie generiert Compagna Reisebegleitung ihre Einnahmen?

Unsere Finanzierung steht auf drei Beinen. Sie setzt sich zusammen aus den Einnahmen von unseren Dienstleistungen, Spenden sowie der gezielten Unterstützungen und der Defizitdeckung aus dem Förderverein, der das Geld unserer ehemaligen Liegenschaft verwaltet.

Werfen Sie einen Blick in die Zukunft – wo steht Compagna Reisebegleitung in ein paar Jahren?

Ich bin überzeugt, dass unser Begleitdienst weiterhin gefragt sein wird. Wir werden unsere Dienstleistungen dem Markt anpassen und das Angebot allenfalls erweitern.

Seit 1996 sind Sie Präsidentin von Compagna Reisebegleitung Schweiz, gleichzeitig waren Sie einige Jahre Vizepräsidentin des Dachverbands. Wieso engagieren Sie sich gerade für dieses Sozialwerk?

Das ist purer Zufall. Ich wurde von der damaligen Vizepräsidentin in St. Gallen angefragt, ob ich den Posten übernehmen wolle. Zu dem Zeitpunkt hatte ich noch nie etwas von den FJM gehört. Meine Berufswelt als Controllerin bei einer Bank war stark von Männern geprägt. Ich finde es spannend, mich für ein Hilfswerk zu engagieren, das sich zwar heute nicht mehr nur um Frauen kümmert, aber immer noch hauptsächlich von Frauen geleitet und geprägt wird.

183   Reisebegleitung – Compagna
       bewegt Menschen

Wie die SOS Bahnhofhilfe ist auch die Compagna Reisebegleitung in einem der ersten Wirkungsfelder der FJM aktiv. Während sich das Angebot der Bahnhofhilfe auf den unmittelbaren Raum rund um ausgewählte Schweizer Bahnhöfe beschränkt, begleitet Compagna Reisebegleitung Schweiz seit dem Jahr 2000 Menschen mit Behinderung, Kinder, Jugendliche sowie ältere Menschen und Betagte vom Ausgangsort bis zum Ziel. Die ehemalige Sektion Ostschweiz mit Sitz in St. Gallen koordiniert die Einsätze von rund 180 freiwilligen Begleitpersonen aus der ganzen Schweiz und organisiert zudem die Reisebegleitung für Compagna Graubünden. Ein vergleichbares Angebot besteht seit einigen Jahren auch in Genf: Bereits im Jahr 2000 wurden die Statuten von Compagna Genf angepasst und der Vereinsname wurde mit dem Zusatz «mobilité pour tous» versehen. Seit 2017 ist durch Zusatzfinanzierung der öffentlichen Hand neben der Genfer SOS Bahnhofhilfe auch in der Romandie ein persönlicher Begleitservice ausserhalb des Bahnhofrayons möglich. Die Begleitung wird zu einem moderaten Tarif angeboten.

www.compagna-reisebegleitung.ch
www.compagna-mobilite.ch

Compagna
Graubünden: Leihnani

«Es geht darum, die
Generationen
miteinander zu ver-
binden»

184

«Es sind die spielerischen, leichten Momente im Alltag, die mir besondere Freude bereiten. Ich geniesse das Privileg, mich ganz ohne Druck auf diese kleinen Menschen einlassen zu können und so etwas Sinnvolles mit meiner Zeit anzufangen.» Ein sanftes Lächeln umspielt die Lippen von Helena Bauer, 68, wenn sie von ihrer Tätigkeit als Leihnani erzählt. Seit 2015 steht die ehemalige Berufsschullehrerin aus Chur für Compagna Graubünden regelmässig als «Grossmutter zum Ausleihen» im Einsatz: «Ich habe selbst keine Kinder, doch nach der Pensionierung hatte ich Lust, mich dieser Herausforderung zu stellen.» So wie Helena Bauer geht es auch anderen Frauen im Kanton: Im Jahr 2019 leisteten 16 Leihnanis im Alter von Mitte fünfzig bis Mitte achtzig in 17 Familien insgesamt 333 Einsätze und 1126 Stunden Kinderhütedienst. «Eine beachtliche Zahl», findet auch Cathrin Räber, Präsidentin von Compagna Graubünden, «aber das Potenzial ist noch lange nicht ausgeschöpft».

Cathrin Räber weiss, wovon sie spricht. Seit 2014 leitet die 62-jährige Churerin die Geschicke von Compagna Graubünden. Ihr erster Kontakt mit dem Verein erfolgte jedoch in beratender Funktion. Als geschäftsführende Präsidentin der Frauenzentrale Graubünden – ein Amt, das die ausgebildete Führungsfachfrau bis heute innehat – ist Cathrin Räber auch für deren Vereinsberatung zuständig. In dieser Rolle traf sie vor etwas mehr als zehn Jahren auf Rosmarie Breuer. Die damalige langjährige Präsidentin von Compagna Graubünden war auf der Suche nach Unterstützung, um ihren Verein in die Zukunft zu führen. «Der Vorstand war in die Jahre gekommen, und die Neubesetzung gestaltete sich schwierig», erklärt Räber. «Das Grundproblem war aber, dass der Verein im Lauf der Jahre viele seiner ursprünglichen praktischen Aufgaben und damit den eigentlichen Vereinsinhalt abgegeben hatte.»

Bereits seit 1888 engagiert sich Compagna, ehemals Verein der Freundinnen Junger Mädchen, in Graubünden für gemeinnützige Zwecke, und bis heute trägt die Organisation ihr soziales Erbe aktiv weiter: als Mitbegründerin und -trägerin des Bündner Sozialjahrs, im Rahmen der Reisebegleitung – und mit ihrem Leihnani-Angebot. Allerdings wird die Reisebegleitung inzwischen von der Ostschweizer Vereinsschwester organisiert, und auch die Trägerschaft des vom Kanton finanzierten Bündner Sozialjahrs habe, so Räber, «mit praktischer und aktiver Vereinsarbeit eigentlich nicht mehr viel zu tun». Für Compagna Graubünden war es deshalb ein Glücksfall, dass sich Rosmarie Breuers Leihnani-Idee 2003 bei einem von WEF-Gründer Klaus Schwab finanzierten und von den Bündner Landeskirchen lancierten Wettbewerb zum Thema «Generationenverbindende Projekte» durchsetzen konnte – und damit den Grundstein zum heutigen Herzstück der Vereinstätigkeit legte.

Keine Konkurrenz zu Krippen & Co.

Das Leihnani-Konzept ist so simpel wie bestechend: Familien auf der Suche nach einer kostengünstigen Kinderbetreuung in Graubünden wird von Compagna eine Leihgrossmutter vermittelt. Die Einsätze finden stundenweise, wöchentlich, monatlich oder nur sporadisch statt: «Je nach Bedarf der Familie sowie nach Verfügbarkeit unserer Leihnanis», erläutert Cathrin Räber. «Es handelt sich bei unserem Angebot aber nicht um eine professionelle Kinderbetreuung, wie sie zum Beispiel von Krippen oder Tagesmüttern angeboten wird, sondern es geht primär darum, die Generationen miteinander zu verbinden. Im Vordergrund stehen die gemeinsam verbrachte Zeit und die Beziehung zwischen Leihnani und Kind.»

Die Betreuungsform Leihnani basiert auf Wertschätzung und Vertrauen, weshalb man bei Compagna Graubünden grossen Wert auf die persönliche Vermittlung legt: Bereits bei der Anmeldung wie auch in verschiedenen Vorgesprächen und Probetreffen werden die Bedürfnisse aller Beteiligten abgeholt. Zudem steht der Verein mit den Leihnanis und den Familien in regelmässigem Kontakt. Die Qualitätssicherung durch persönliche Gespräche und Einschätzungen funktioniert gut – fast zu gut: Nicht selten kommt es nämlich vor, dass ein Leihnani einer Familie auch nach Beendigung des offiziellen Arbeitsverhältnisses erhalten bleibt. «Diese Entwicklung ist für uns als Verein natürlich ein zweischneidiges Schwert», schmunzelt Cathrin Räber. «Einerseits verlieren wir dabei sowohl die Familie als auch das Leihnani. Andererseits ist es im Sinne der Nachhaltigkeit und Generationenverbindung ein Volltreffer, wenn das Nani einer Familie auch ohne Auftrag erhalten bleibt.»

Und was ist mit den Grossvätern? «Wir wären durchaus offen für Leihnenis, aber die Männer scheuen sich noch etwas», lacht Cathrin Räber. Allfälligen Ängsten oder Vorurteilen potenzieller Leihgrossväter möchte Compagna Graubünden künftig mit einem geplanten «Leihgrosseltern»-Angebot entgegenwirken: Dabei würden zwei ältere Menschen die Kinder als Betreuungsteam gemeinsam hüten. Ob und wie das Projekt zustande kommt, steht derzeit aber – nicht zuletzt coronabedingt – noch in den Sternen.

Symbolische Wertschätzung, unbezahlbare Momente

Die Frage nach der Zukunft ist für Cathrin Räber als Präsidentin von gleich zwei gemeinnützigen Vereinen eine ständige Begleiterin: «Neue Ideen hätten wir schon. Gerade bei aktuellen Themen wie erschwinglicher Kinderbetreuung, Einsamkeit im Alter oder betreutem Wohnen könnten weitere generationenverbindende Projekte im Stil unseres Leihnani-Angebots einen wichtigen Beitrag leisten – natürlich erst einmal nur lokal, aber immerhin.» Doch obwohl Compagna Graubünden mit seinem Angebot den Nerv der Zeit trifft und in bester Freundinnenmanier auch über ein gutes Netzwerk verfügt, kämpft der Verein wie andere Non-Profit-Organisationen um finanzielle Mittel und den Nachwuchs: «Der soziale Gedanke allein, gemeinsam etwas für andere zu tun, reicht heute leider kaum mehr aus, um neue Mitglieder zu gewinnen.»

Diese wären aber dringend nötig, um die Aktivitäten des Vereins auch künftig weiterführen zu können. Doch Cathrin Räber zweifelt nicht daran, dass die Compagna-Projekte auch im Post-Corona-Alltag wieder Fahrt aufnehmen werden: «Wie auch sonst im Leben, braucht es manchmal einfach ein bisschen Geduld.» Geduld und das nötige Geld. Was die Finanzierung angeht, so dient der von den Familien verlangte Tarif allein der Kostendeckung, die Leihnanis erhalten eine finanzielle Wertschätzung von zehn Franken pro Stunde. Reich wird dabei niemand – zumindest nicht monetär. Gemäss Helena Bauer werden die Leihnanis aber durchaus angemessen entlöhnt: «Wenn mich ein Kind nach längerer Betreuungspause wiedererkennend anlächelt oder mir auf dem Dorfplatz freudestrahlend ein lautes ‹Hoi Leihnani!› entgegenruft – solche Momente sind doch einfach unbezahlbar.»

Compagna Graubünden – ländliche Lücken schliessen

Obwohl sich die Aktivitäten der FJM zunächst hauptsächlich auf die grösseren Städte konzentrierten, war der Verein von Beginn weg darum bemüht, auch in ländlichen Gebieten ein lückenloses Freundinnenschutznetz aufzuspannen. Bereits 1888 wurde in Chur die Sektion Graubünden gegründet. Compagna Graubünden ist Mitbegründerin und Trägerin des Bündner Sozialjahrs. Das seit 1990 kantonal anerkannte Praktikumsjahr zwischen Schule und Berufsausbildung wurde 1973 gemeinsam mit der Evangelischen Frauenhilfe ins Leben gerufen, 1977 kamen der Katholische Frauenbund Graubünden und Pro Filia Graubünden als Trägerinnen dazu. Darüber hinaus bietet auch Compagna Graubünden eine Reisebegleitung, deren begleitete Fahrten jedoch von der Einsatzzentrale in St. Gallen organisiert werden. Schweizweit einzigartig ist das Projekt «Leihnani»: Um mehr Kinderbetreuungsmöglichkeiten im Kanton zu schaffen, koordiniert Compagna Graubünden Einsätze von ausleihbaren Grossmüttern, die Familien für einen bescheidenen Betrag in der Betreuung unterstützen.

www.compagna-
graubuenden.ch

Compagna Zürich und Compagna Schweiz: wie es weitergeht

«Vieles, wofür gekämpft wurde, haben wir erreicht»

Zu viel Arbeit scheint Jeanne Pestalozzi nicht zu kennen. Anders lässt sich die lange Liste der freiwilligen sozialen Tätigkeiten, denen sich die bald siebzigjährige Zürcherin seit Jahrzehnten mit viel Herzblut widmet, nur schwer erklären: Die langjährige ehemalige Kirchenrätin der Evangelisch-reformierten Landeskirche Zürich übernahm 2011 das Präsidium der Stiftung Brot für alle. Quasi nebenbei und stets ehrenamtlich ist die Mutter von vier Kindern und Grossmutter von sechs Enkelkindern als Präsidentin von Compagna Schweiz, von Compagna Zürich und der Stiftung Compagna Conviva tätig.

Jeanne Pestalozzi ist eine Frau, die sich auch für andere Frauen einsetzt. Gebildet, im kirchlichen Umfeld verankert, eloquent und sozial engagiert, reiht sich die Romanistin und Altphilologin nahtlos in die illustre Galerie ihrer präsidialen Vorgängerinnen ein und verkörpert den Gründungsgeist der FJM noch im 21. Jahrhundert. Ebenfalls in typischer Freundinnenmanier beschränkt sich ihr freiwilliges Engagement dabei weder auf nur einen gemeinnützigen Verein noch auf ein einziges Arbeitsfeld. Dazu kommt,

dass die Arbeit für Compagna allein schon überaus vielfältig ist.
Zur Auflösung des Dachverbands von Compagna Schweiz 2021
hat die letzte Präsidentin vor allem eines zu sagen: «Es handelt
sich dabei nicht um ein Scheitern. Vieles, wofür damals gekämpft
wurde, haben wir erreicht.»

Compagna Schweiz und der Weg der lokalen Vereine

Das Erbe des ehemaligen Schweizerischen Vereins der Freundinnen Junger Mädchen kann sich in der Tat sehen lassen: Von der
SOS Bahnhofhilfe über die Unterkünfte bis hin zu Vermittlungsund Beratungsdiensten haben viele der früheren FJM-Werke den
Sprung ins 21. Jahrhundert geschafft. Auch zur Verbesserung der
Stellung der Frau in der Gesellschaft haben die FJM mit ihren Pionierleistungen im Bereich der sozialen Arbeit einiges beigetragen.
Nichtsdestotrotz kommt die Auflösung des Dachverbands
von Compagna Schweiz für seine langjährige Präsidentin nicht
überraschend: «Die frühere Unterstützung von jungen erwerbstätigen Frauen machte eine übergeordnete Vernetzung nötig. Als
diese Zielgruppe nach und nach wegfiel, passten die lokalen Vereine ihre sozialen Angebote individuell den örtlichen Gegebenheiten an; viele Vereine gaben ihre Tätigkeit dabei gleich ganz
auf, zuletzt 2018 Compagna Waadt und Compagna Solothurn/
Olten 2020.» Die einzige Ausnahme, die noch eine über die lokalen Strukturen hinausgehende Organisation erforderte, war der
Dienstleistungsvertrag mit den SBB zur Entschädigung der SOS
Bahnhofhilfe. «Doch dafür haben die beiden Schweizer Dachverbände von Compagna und Pro Filia 2019 mit der gemeinnützigen
Bahnhof & Mobilität AG gemeinsam eine neue Plattform für die
Zusammenarbeit mit den SBB gegründet», fügt die Präsidentin
an.

Compagna Zürich und seine Häuser

Die Entwicklungsgeschichte der ehemaligen FJM-Liegenschaften in Zürich ist eng mit Jeanne Pestalozzis eigener Geschichte
bei Compagna verbunden: «Meine erste ‹Amtshandlung› als Präsidentin von Compagna Zürich war 2010 die Teilnahme an der
Eröffnung des Hotel Marta beim Central, das der Verein der gemeinnützigen Frauenhotel AG verpachtet hatte», erzählt sie. Die
gemeinnützige Frauenhotel AG, am Markt unter dem Namen

Sinn & Gewinn Hotels bekannt, hatte von Compagna Zürich bereits die Pension Mainau im Seefeld gepachtet und diese 2001 als Hotel Lady's First erfolgreich lanciert. 2017 folgte die Pension Lutherstrasse am Stauffacher, die von den Sinn & Gewinn Hotels – als Hommage an die Gründerin der FJM, Josephine Butler – unter dem Namen Josephine's Guesthouse for Women wiedereröffnet wurde.

Den Entscheid, seine Pensionen den Sinn & Gewinn Hotels zu verpachten, fällte Compagna Zürich mit demselben Pioniergeist, mit dem die Freundinnen ihre Häuser einst erworben und geführt hatten: «Es war Zufall, dass Compagna Zürich und die Sinn & Gewinn Hotels zusammenfanden, doch sie waren einander in ihrer Vision, sich als gemeinnützige Organisationen für Frauen einzusetzen, verwandt», erklärt Jeanne Pestalozzi. Der Zufall erwies sich für Compagna Zürich auch als Glücksfall: «Dank dieser Verbindung blieb den Liegenschaften ihre gemeinnützige Bestimmung erhalten. Denn der modernen AG gelang es ungleich besser, das Kapital für die dringend nötigen Totalsanierungen zu beschaffen», so die Präsidentin.

Dennoch wurde die Trägerschaft der drei grossen Liegenschaften im Zentrum von Zürich für den schrumpfenden Verein immer schwieriger, weshalb 2016 die Stiftung Compagna Conviva ins Leben gerufen wurde: «Compagna Zürich übertrug der Stiftung seine Liegenschaften, inklusive deren ursprünglichen sozialen Zweck. Die Häuser an bester städtischer Lage sollen auch in Zukunft dafür sorgen, dass Frauen nicht an den Rand gedrängt werden», so die Präsidentin. Als es kurz darauf dem Verein Compagna Waadt nicht mehr gelang, seinen Vorstand zu besetzen, wurde 2018 auch die Pension Bienvenue in Lausanne an Compagna Conviva übertragen.

Modernisierung als Frage der Organisation

Besonders freute es Jeanne Pestalozzi, dass sich für den Stiftungsrat von Compagna Conviva fünf Frauen gewinnen liessen, die ihre professionellen Kompetenzen ehrenamtlich zur Verfügung stellten. Entlastet von der Verantwortung für die Liegenschaften, konnte nun auch der Vereinsvorstand von Compagna Zürich erneuert werden. Dieser konzentriert sich heute auf die Aktivitäten im Rahmen der SOS Bahnhofhilfe. Die Präsidentin fasst diese Entwicklung wie folgt zusammen: «Die jungen Frauen, die auf

der Suche nach Arbeit oder zu Ausbildungszwecken in die Stadt
kamen, bildeten lange Zeit die gemeinsame Klammer für die verschiedenen Angebote der FJM. Als diese Klammer wegfiel, mussten die einzelnen Angebote unabhängig voneinander organisiert
werden.»

Damit vereinfachte sich das Portfolio des Vorstands von
Compagna Zürich, gemäss Jeanne Pestalozzi eine unabdingbare
Voraussetzung, um eine Verzettelung der Kräfte zu vermeiden:
«Gerade weil sie nichts kostet, ist die Freiwilligenarbeit besonders kostbar.» Die Kostenfrage lag auch dem Modernisierungsgedanken für die SOS Bahnhofhilfe zugrunde. Als Präsidentin des
Dachverbands von Compagna Schweiz stellte Jeanne Pestalozzi
bald fest, dass es nicht nur Compagna Zürich schwerfiel, diese
weiterhin aus den Erträgen der Pensionen, wo vorhanden, oder
mit Spenden zu finanzieren: «Mit dem Behindertengleichstellungsgesetz 2002 war die Mobilitätsunterstützung, welche die
SOS Bahnhofhilfe bisher geleistet hatte, zu einem Anrecht geworden, das nicht mehr mit Spenden finanziert werden durfte.»

Auf Anregung der Präsidentin wurde deshalb mit den SBB
ein neuer Leistungsvertrag abgeschlossen. So bieten die örtlichen SOS Bahnhofhilfen seit 2014 ihre Mobilitätsdienstleistungen in Absprache mit dem Callcenter der SBB an. Für die übrigen
Dienstleistungen kommen die Trägervereine von Compagna und
Pro Filia weiterhin ohne SBB auf. Der neue Dienstleistungsvertrag
mit den SBB stellte die örtlichen Vereine von Compagna und Pro
Filia gleich, was beispielsweise in Zürich, wo die beiden Organisationen die SOS Bahnhofhilfe vor Ort gemeinsam führen, die Einstellung einer Teamleiterin erleichterte. Diese entwickelte nicht
nur die begleiteten Kindsübergaben vom einen zum anderen getrennt lebenden Elternteil weiter, sondern baute auch einen Gepäcktransportdienst auf und weitete die Nahrungsmittelabgabe
an Bedürftige aus. Sowohl hinter der Modernisierung der SOS
Bahnhofhilfe als auch hinter der Verpachtung der Liegenschaften
an die Sinn & Gewinn Hotels und der Gründung von Compagna
Conviva in Zürich steht für Jeanne Pestalozzi die generelle Frage
nach der Erneuerung von Vorständen sowie der allgemeinen Zukunft des Ehrenamtes.

Bis heute werden die Compagna-Vereine vom individuellen freiwilligen Engagement ihrer Vorstandsmitglieder sowie von der
Überzeugung ihrer Vereinsmitglieder getragen. Dies, obwohl der
gesamte Bereich der sozialen Arbeit in den letzten 100 Jahren von
einer Professionalisierungswelle erfasst wurde und einzelne Werke inzwischen von den SBB oder der öffentlichen Hand mitgetragen werden.

Im Zusammenspiel von Ehrenamt und Beruf liegt für Jeanne
Pestalozzi auch eine der Hauptschwierigkeiten, mit denen sich
gemeinnützige Organisationen im 21. Jahrhundert konfrontiert
sehen: «Früher konnten Frauenvereine auf ein grosses Netzwerk
ehrenamtlich tätiger Mitglieder zurückgreifen. Heute verfügen
Frauen über eine Berufsausbildung, stehen mitten im Erwerbs-
leben, haben dazu allenfalls noch eine Familie, und es fehlt ihnen
die Zeit für ein umfangreiches Ehrenamt. Zudem sind sie – ganz
zu Recht – häufig nicht mehr daran interessiert, Arbeit gratis zu
verrichten, die eigentlich bezahlt werden müsste.»

Schon in den Anfängen des Vereins war die Freiwilligenarbeit
der FJM äusserst professionell aufgegleist: «Die Frauen, die sich
damals an vorderster Stelle im Verein engagierten, würden heute
als CEOs an der Spitze von Unternehmen stehen», so Jeanne Pestalozzi. Dennoch, davon ist die Compagna-Präsidentin überzeugt,
sei auch die beruflich erfolgreiche Frau von heute bereit, sich ehrenamtlich zu engagieren, «solange der Zeitaufwand überschau-
bar bleibt und sie ihr Fachwissen strategisch einsetzen kann». Darüber hinaus sei sie sich sicher, dass der ehrenamtlichen Tätigkeit
auch in der Welt von morgen eine zentrale Bedeutung zukommen
wird: «Das Ehrenamt bietet die Chance eines freieren Raums, in
dem mit einer anderen Logik alternative Möglichkeiten erschlossen und Dinge ausprobiert werden können.» Darüber hinaus sei
das Ehrenamt eine Bedingung für das Generieren von Spenden,
welche diesen Freiraum auch finanzieren: «Gewisse Leistungen
kann man nun einmal nicht verkaufen», so Jeanne Pestalozzi,
«und trotzdem sind sie wichtig für die Gesellschaft».

Wie nötig Hilfsangebote dieser Art sind, trat für die Präsidentin von Compagna Schweiz und Compagna Zürich während des
coronabedingten Lockdowns im Frühling 2020 deutlich zutage,
als eine wachsende Anzahl von Bedürftigen bei der SOS Bahnhofhilfe anklopfte und nach Nahrungsmitteln fragte. Die SOS Bahn-

hofhilfe hatte schon früher bei verschiedenen Geschäften am Hauptbahnhof Zürich Lebensmittel eingesammelt und verteilt, nun war sie in der Lage, rasch auf die Notsituation zu reagieren. Jeanne Pestalozzi dazu: «Die Abgabe von Nahrungsmitteln und damit die Kontakte mit Obdachlosen sowie mit einsamen oder kranken Menschen und Personen mit Migrationshintergrund nahmen in den letzten Jahren stark zu. Im Schmelztiegel Zürich verstand man es schon immer gut, das Angebot der Bahnhofhilfe an die Bedürfnisse der Zeit anzupassen.»

Essenziell ist und bleibt für Jeanne Pestalozzi in diesem Zusammenhang, dass sich gemeinnützige Vereine auch künftig mit den strategisch relevanten Fragen auseinandersetzen: «Auf welchen Bedarf will der Verein eine Antwort geben? Wie transformiert sich eine Organisation und aus welchen Motiven? Was funktioniert auch in Zukunft? Und lassen sich Ehrenamt und Professionalität weiterhin sinnvoll kombinieren?»

Neue Anknüpfungspunkte –
Masche für Masche in die Zukunft

Als Präsidentin des Dachverbands musste Jeanne Pestalozzi während der letzten Jahre oft «Trostarbeit» verrichten, wenn ein weiterer Compagna-Verein oder eines seiner Werke den Strömungen der Zeit zum Opfer fiel. Dabei stellt die Präsidentin klar, dass für diese Entwicklung nicht die letzte Generation verantwortlich gemacht werden könne: «Die klassischen Tätigkeitsfelder der FJM gibt es in ihrer ursprünglichen Form nicht mehr. Bildung ist heute den meisten Frauen in der Schweiz zugänglich, Reisen ins Welschland oder nach Grossbritannien sind vergleichsweise unproblematisch, und Aufgaben, die früher von den FJM übernommen wurden, erledigen heute der Staat, die SBB, Pro Infirmis oder Organisationen wie die Fachstelle Frauenhandel und Frauenmigration.»

Ihre Aufgabe als letzte Präsidentin des Dachverbands von Compagna Schweiz sieht Jeanne Pestalozzi denn auch ganz pragmatisch: «Meine Arbeit besteht darin, die verschiedenen Maschen abzuketten und das Ganze zu einem schönen Abschluss zu bringen.» So mag das ehemals international angelegte Schutznetz, das vom Verein im ausgehenden 19. Jahrhundert von Freundin zu Freundin um den Globus gespannt wurde, 2021 auf gesamtschweizerischer Ebene zu seinem Ende kommen. Was bleibt, ist ein buntes, aber stabiles Stückwerk, das den verbleibenden Compagna-Vereinen zahlreiche Anknüpfungspunkte bietet, um den sozialen Grundgedanken der FJM in individuellen Strängen auch in Zukunft weiterzuspinnen.

Für Jeanne Pestalozzi besteht deshalb kein Grund zur Trauer: «Organisatorisch kommt der Dachverband von Compagna Schweiz an sein Ende. Doch es hat noch Feuer. Ob in der SOS Bahnhofhilfe, in der Reisebegleitung, bei den Leihnanis oder in der Arbeit mit Migrantinnen aus dem Sexgewerbe – hier engagieren sich Frauen weiterhin mit Passion und Professionalität für ihre Mitmenschen. Wir haben eine Geschichte, und diese ist noch nicht zu Ende erzählt. Darüber freuen wir uns.»

Anmerkungen

1. Aufgeschaut! Gott vertraut!, 40. Jg., Nr. 6, Juni 1927, S. 88f. Bericht zum 50-Jahr-Jubiläum der FJM in Neuenburg.

2. Tätigkeitsbericht zum fünfzigjährigen Bestehen der FJM-Sektion Solothurn.

3. Was ist Mädchenhandel?, in: Neue Wege. Blätter für religiöse Arbeit (1911), S. 411ff.

4. Mesmer, Beatrix: Ausgeklammert – Eingeklammert. Frauen und Frauenorganisationen in der Schweiz des 19. Jahrhunderts. Basel 1988, S. 162f.

5. Ebd., S. 163.

6. Lieb, Julie: Bewahrende und schützende Fürsorge für die weibliche Jugend, in: Bericht über den zweiten Schweizerischen Kongress für Fraueninteressen. Bern 1921, S. 395f.

7. FJM Sektion Zürich, 17. JB 1912/13, S. 5.

8. Aufgeschaut! Gott vertraut!, 41. Jg., Nr. 12, Dezember 1928, S. 179–181.

9. Vgl. dazu die Ausführungen der ehemaligen Präsidentin Liselotte Vontobel-Frick in: 100 Jahre FJM 1886–1986, S. 6.

10. Aufgeschaut! Gott vertraut!, 51. Jg., Nr. 12, Dezember 1938, S. 210–212.

11. Ebd.

12. Aufgeschaut! Gott vertraut!, 40. Jg., Nr. 4, April 1927, S. 53–55.

13. Verein der Freundinnen junger Mädchen, 50 Jahre Sektion Solothurn, 1916–1966, S. 5.

14. Lieb, Bewahrende und schützende Fürsorge für die weibliche Jugend, S. 369.

15. FJM Sektion Zürich, 17. JB 1912/13, S. 3f.

16. Ebd.

17. Vgl. dazu Jenzer, Sabine: Die «Dirne», der Bürger und der Staat. Private Erziehungsheime für junge Frauen und die Anfänge des Sozialstaates in der Deutschschweiz, 1870er bis 1930er Jahre. Köln 2014, S. 119ff. und 402.

18. Tätigkeitsbericht zum fünfzigjährigen Bestehen der FJM-Sektion Solothurn, S. 3f.

19. Aufgeschaut! Gott vertraut!, 50. Jg., Nr. 2, Februar 1937, S. 32.

20. Ebd., «Unsere Agentinnen an den Bahnhöfen», S. 34.

21. Vgl. dazu die Ausführungen der ehemaligen Präsidentin Liselotte Vontobel-Frick in: 100 Jahre FJM 1886–1986, S. 9.

22. FJM Sektion Zürich, 22. JB 1922/23, S. 1.

23. F.J.M. Protokollbuch I. Teil, III. Jahresversammlung, 13. Januar 1923.

24. Ebd.

25. Vgl. dazu Teutsch, M. Jacques: Rapport sur la troisième question: Oeuvres et missions des gares et ports de mer, in: La Répression de la Traite des Blanches: Compte Rendu du 3e Congrès International tenu à Paris les 22–25 Octobre 1906 sous le haut Patronage de M. le Président de la République et la Présidence d'honneur de M. le Ministre des Affaires étrangères et de M. le Ministre de l'Intérieur. Paris 1907, S. 26–29; gemäss dem Jubiläumsbericht wurde die erste Bahnhofhelferin erst 1886 angestellt, siehe: 100 Jahre FJM 1886–1986, S. 11.

26. Vgl. 100 Jahre FJM Sektion Stadt Zürich 1887–1987, hrsg. vom Schweizerischen Verein der Freundinnen junger Mädchen Sektion Stadt Zürich. Zürich 1987, S. 4.

27. Bärtschi, Hans-Peter; Dubler, Anne-Marie: «Eisenbahn», in: Historisches Lexikon der Schweiz online.

28. Bärtschi, Hans-Peter: «Bahnhof», in: Historisches Lexikon der Schweiz online.

29. F.J.M. Protokollbuch I. Teil, V. Sitzung, 20. November 1919.

30. F.J.M. Protokollbuch I. Teil, Vorstandssitzung, 21. Januar 1929.

31. Bericht des Kantonalvereins der Freundinnen junger Mädchen Solothurn, Dezember 1938, in: F.J.M. Protokollbuch II. Teil, eingeklebt auf S. 40/41.

32. Aufgeschaut! Gott vertraut!, 39. Jg., Nr. 3, März 1926, S. 46–48.

33. FJM Sektion Zürich, 24. JB 1926/27, S. 11f.

34. FJM Sektion Zürich, 29. JB 1932, S. 8f.

35. Mesmer, Ausgeklammert – Eingeklammert, S. 163.

36   Ebd.

37   Ebd.

38   Aufgeschaut! Gott vertraut!, 38. Jg.,
      Nr. 10, Oktober 1925, S. 153.

39   Vgl. dazu die Ausführungen von
      T. Egger-Nicola, ehemalige Verant-
      wortliche für die Bahnhofhilfe, in: 100
      Jahre FJM 1886–1986, S. 12f.

40   F.J.M. Sektion Solothurn, Protokoll-
      buch I. Teil, II. Vorstandssitzung,
      15. Mai 1925.

41   Stucky, Christina: «Wir möchten eine
      Heimat bieten». Bericht über das
      Josephine's Guesthouse for Women
      auf: https://www.swissinfo.ch/ger/
      gasthaus-nur-fuer-frauen_-wir-mo-
      echten-eine-heimat-bie-
      ten--/44525552 (zuletzt abgerufen am
      20.10.2020).

42   F.J.M. Sektion Solothurn, Protokoll-
      buch I. Teil, IV. Jahresversammlung,
      5. März 1927.

43   F.J.M. Sektion Solothurn, Tätigkeits-
      bericht zum fünfzigjährigen Bestehen
      der FJM-Sektion Solothurn, S. 2; 100
      Jahre FJM 1886–1986, S. 7.

44   Vgl. AGoF 128-194.

45   Debrit-Vogel, Agnes: «Etwas Neues in
      London: das Swiss Hostel for Girls»,
      in: Schweizerische Lehrerinnenzei-
      tung Bd. 61 (1956/57), S. 147f.

46   F.J.M. Sektion Solothurn, Tätigkeits-
      bericht zum fünfzigjährigen Bestehen
      der FJM-Sektion Solothurn, S. 2.

47   Vgl. Hug, Michael: Umbruch nach
      Auboden-Jubiläum, in: https://www.
      tagblatt.ch/ostschweiz/appenzeller-
      land/umbruch-nach-auboden-jubila-
      eum-ld.409279 (zuletzt abgerufen am
      16.11.2020).

48   Zit. in Huber-Roth, D.: Freizeit-
      werke – Klubs, in: 100 Jahre FJM
      1886–1986, S. 18.

49   Vgl. dazu Skenderovic, Damir:
      «Jugendbewegungen», in: Histori-
      sches Lexikon der Schweiz online.

50   Zit. in: 100 Jahre FJM Sektion Stadt
      Zürich 1887–1987, S. 8.

51   Vgl. FJM Sektion Zürich, 3. JB 1889–
      1891, S. 3–5.

52   Aufgeschaut! Gott vertraut!, 34. Jg.,
      Nr. 6, Juni 1921, S. 84.

53   Jahresversammlung der FJM, 10. Juni
      1915 in Bern, in: Frauenbestrebungen.
      Organ der deutsch-schweizerischen
      Frauenbewegung Nr. 7 (1915), S. 55.

54   Aufgeschaut! Gott vertraut!, 34. Jg.,
      Nr. 6, Juni 1921, S. 91.

55   FJM Sektion Zürich, 22. JB 1922/23,
      S. 3.

56   Zellweger, Elisabeth: Wert und
      Bedeutung der sozialen Arbeit
      der Frau, in: Bericht über den zweiten
      Schweizerischen Kongress für
      Fraueninteressen. Bern 1921,
      S. 403–406.

57   Bericht über das Bahnhofwerk
      der FJM, in: Aufgeschaut! Gott
      vertraut!, 39. Jg., Nr. 3, März 1926,
      S. 46–48.

58   Aufgeschaut! Gott vertraut!, 36. Jg.,
      Nr. 5, Mai 1922, S. 73–76.

59   Aufgeschaut! Gott vertraut!, 39. Jg.,
      Nr. 6, Juni 1926, S. 85–87.

60   Aufgeschaut! Gott vertraut!, 40. Jg.,
      Nr. 4, April 1927, S. 53–55.

61   Die Lichtbilder über die Tätigkeit des
      schweizerischen Vereins
      der FJM, in: Aufgeschaut! Gott
      vertraut!, 38. Jg., Nr. 4, April 1925,
      S. 52f.

62   FJM Sektion Zürich, 23. JB 1924/25,
      S. 1.

63   Liebe Freundinnen!, in: Aufgeschaut!
      Gott vertraut!, 41. Jg., Nr. 1, Januar
      1928, S. 2f.

64   Vgl. dazu Aufgeschaut! Gott vertraut!,
      52. Jg., Nr. 6, Juni 1939, S. 10; FJM
      Sektion Zürich, 37. JB 1940, S. 1.

65   Zoller, Pierre-Henri: Une présence
      bienveillante, 6.9.1969. Les archives
      de la RTS, https://www.rts.ch/
      archives/tv/information/madame-
      tv/8970758-une-presence-bienveillan-
      te.html (zuletzt abgerufen am
      20.10.2020).

66   Chronik Kanton Basel-Landschaft,
      Mai 1964: https://www.baselland.ch/
      themen/c_d/chronik-bl/chronik-
      1960er/chronik-1964/chronik-
      mai-1964 (zuletzt abgerufen am
      20.10.2020).

67   Aufgeschaut! Gott vertraut!, 51. Jg.,
      Nr. 12, Dezember 1928, S. 210–212.

68   Solothurner Zeitung, 17.5.1971.

69   Ebd.

70   Ebd.

71   F.J.M. Sektion Solothurn, Sitzungs-
      protokoll der Sitzung vom 23. Novem-
      ber 1977.

72 Zeitungsausschnitt, Beilage zum Sitzungsprotokoll der F.J.M. Sektion Solothurn vom 4. März 1975.

73 Vgl. Jubiläumsbericht 100 Jahre FJM 1886–1986, S. 7.

74 Mesmer, Ausgeklammert – Eingeklammert, S. 157–168.

75 Mesmer, Ausgeklammert – Eingeklammert, S. 157.

76 Vgl. Naegele, Verena: Himmelblau und Rosarot. Vom Haus für gefallene Mädchen zum Sozial-Medizinischen Zentrum für Frau, Mutter und Kind. Zürich 2004.

77 Aufgeschaut! Gott vertraut!, 36. Jg., Nr. 9, September 1923, S. 140–144.

78 Elser, M.; Ewald, S.; Murrer, G. (Hg.): Enzyklopädie der Religionen. Augsburg 1990, S. 82.

79 Vgl. dazu und im Folgenden Huber-Roth, D.: Freizeitwerke – Klubs, in: 100 Jahre FJM 1886–1986, S. 18–20.

80 Vgl. ebd., S. 24f. Erwähnt sind «Sonntagssäle» und «Sonntagsvereinigungen» für die FJM-Sektionen Basel-Stadt (1886), Bern (Bern 1887 und St. Imier 1893), Glarus (1915), St. Gallen (1899), Tessin (ohne Jahr), Waadt (ohne Jahr) und Zürich (1890, 1912). Für die Sektion Genf sind «Réunions pour employées d'hôtel, pour couturières, blanchisseuses, maîtresses d'école, écolières, apprenties etc.» aufgeführt (ohne Jahr).

81 Vgl. ebd., S. 18.

82 FJM Sektion Zürich, 2. JB 1888/89, S. 5f.

83 Zit. in Huber-Roth, D.: Freizeitwerke – Klubs, in: 100 Jahre FJM 1886–1986, S. 18.

84 Aus: Einige wichtige Arbeitsgebiete für die Freundinnen junger Mädchen. Ansprache, gehalten an der Jahresversammlung der Zürcher Sektion der «Freundinnen junger Mädchen», 5. Mai 1892, S. 3f.

85 Heimmütter-Tagung vom 6.–8. November 1937, in: Aufgeschaut! Gott vertraut!, 51. Jg., Nr. 1, Januar 1938, S. 5f.

86 FJM Sektion Zürich, 3. JB 1889/91, S. 5.

87 FJM Sektion Zürich, 4. JB 1891/92, S. 5.

88 FJM Sektion Zürich, 3. JB 1889/91, S. 5.

89 Aufgeschaut! Gott vertraut!, 36. Jg., Nr. 9, September 1923, S. 140–144.

90 Ebd.

91 Steiger, Emma: Aus der Geschichte der Jugendhilfe in der Schweiz. Zürich 1950, S. 15.

92 Vgl. FJM Sektion Zürich, 23. JB 1924/25, S. 10.

93 FJM Sektion Zürich, 21. JB 1920/21, S. 5f.

94 Skenderovic, Damir: «Jugendbewegungen», in: Historisches Lexikon der Schweiz online.

95 100 Jahre FJM 1886–1986, S. 24f.

96 FJM Sektion Zürich, 15. JB 1908/09, S. 18f. und 33. JB 1936, S. 5f.

97 FJM Sektion Zürich, 18. JB 1914/15, S. 13f.

98 FJM Sektion Zürich, 24. JB 1926/27, S. 10f.

99 FJM Sektion Zürich, 19. JB 1916/17, S. 9f.

100 Huber-Roth, D.: Freizeitwerke – Klubs, in: 100 Jahre FJM 1886–1986, S. 18.

101 Ebd., S. 19f.

102 Aufgeschaut! Gott vertraut!, 47. Jg., Nr. 7, Juli 1934, S. 105f.

103 Aufgeschaut! Gott vertraut!, 51. Jg., Nr. 12, Dezember 1938, S. 209f.

104 Aufgeschaut! Gott vertraut!, 50. Jg., Nr. 11, November 1937, S. 180.

105 Aufgeschaut! Gott vertraut!, 36. Jg., Nr. 11, November 1923, S. 167f.

106 Aufgeschaut! Gott vertraut!, 41. Jg., Nr. 8, August 1928, S. 113.

107 «Liebe Freundinnen!», in: Aufgeschaut! Gott vertraut!, 41. Jg., Nr. 1, Januar 1928, S. 2f.

108 Aufgeschaut! Gott vertraut!, 41. Jg., Nr. 7, Juli 1928, S. 100.

109 FJM Sektion Zürich, 36. JB 1939, S. 3–5.

110 Ebd.

111 Vgl. die Diapositive im Bestand F_5134_COMPAGNA des Schweizerischen Sozialarchivs, F_5134-Da-001 bis F_5134-Da-051; eines der Dias zeigt den Titel der Produktion als «'s Rosi Wunderlis Abigtür», F_5134-Da-002.

112 FJM Sektion Zürich, 36. JB 1939, S. 3–5.

113 Ebd.

114 Vgl. dazu die audiovisuellen Materialien der Gosteli-Stiftung – Archiv zur Geschichte der schweizerischen

199   Frauenbewegung 128-110 bis und mit 128-121.

115   Aus der Eröffnungsrede der Präsidentin des Zürcher Martha-Vereins, Frau Schuppisser-Wild, zur «Einweihung des Neuen Töchterheimes» St. Jakob an der Lutherstrasse 20 in 8004 Zürich am 8. Dezember 1928.

116   Vgl. dazu Geisthövel, Alexa; Knoch, Habbo (Hg.): Orte der Moderne. Erfahrungswelten des 19. und 20. Jahrhunderts. Frankfurt am Main 2005.

117   Vgl. dazu und zu den folgenden Ausführungen Eidgenössische Kommission für Frauenfragen (Hg.): Frauen Macht Geschichte. Zur Geschichte der Gleichstellung in der Schweiz 1848–2000, 1.1. Die Frauenbewegung von ihren Anfängen bis zum Ersten Weltkrieg. Bern 2001, S. 2 und 4.

118   Joris, Elisabeth; Witzig, Heidi: Die Pflege des Beziehungsnetzes in frauenspezifischer Form von «Sociabilité», in: Schweizerische Gesellschaft für Wirtschafts- und Sozialgeschichte 9 (1991), S. 139.

119   Der Verband deutschschweizerischer Frauenvereine zur Hebung der Sittlichkeit wurde am 22. Oktober 1901 gegründet. Er entstand aufgrund der Abspaltung der zwölf Deutschschweizer Sektionen der Association des femmes suisses pour l'oeuvre du relèvement moral (Schweizerischer Frauenbund zur Hebung der Sittlichkeit), die – wie die FJM – im Anschluss an den ersten internationalen Abolitionistenkongress der Fédération Abolitionniste Internationale 1877 in Genf gegründet worden war. Der Verband wurde bis zur Auflösung des deutschschweizerischen Dachverbands 2002 noch drei weitere Male umbenannt: Schweizerischer Verband Frauenhilfe (ab 1929), Schweizerischer Evangelischer Verband Frauenhilfe (ab 1947) und Schweizerische Evangelische Frauenhilfe (ab 1992). Die selbstständigen Sektionen schlossen sich nach der Auflösung des Dachverbands als eigenständige Vereine dem Evangelischen Frauenbund der Schweiz an. Vgl. dazu Müller, Verena E.: Frauen für Frauen – einst und jetzt. Schweizerische Evangelische Frauenhilfe – ein Kapitel Schweizer Geschichte, hrsg. von der SEF-Kommission Archivierung. Bern 2005.

120   Ebd., S. 136.

121   Schweiz. Verein der Freundinnen junger Mädchen, Schweiz. Gesamtbericht Juni 1944 bis Juni 1946, S. 3, AGoF 128-75. Zu einer der Debatten, die bezüglich der Einführung des Frauenstimmrechts 1946 im offiziellen Verbandsorgan der FJM geführt wurde, vgl. zum Beispiel Aufgeschaut! Gott vertraut!, 59. Jg., Nr. 4, April 1946, S. 55–58.

122   Vgl. Frauen Macht Geschichte, 1.1. Die Frauenbewegung von ihren Anfängen bis zum Ersten Weltkrieg, S. 4.

123   Vgl. dazu Mesmer, Ausgeklammert – Eingeklammert, S. 38ff. und 112.

124   Vgl. ebd.

125   Vgl. ebd., S. 119.

126   Vgl. dazu Ulrich, Anita: Bordelle, Strassendirnen und bürgerliche Sittlichkeit in der Belle Epoque. Eine sozialgeschichtliche Studie der Prostitution am Beispiel der Stadt Zürich. Zürich 1985, S. 119 und Anm. 16, S. 314.

127   Vgl. dazu Ulrich, Bordelle, Strassendirnen und bürgerliche Sittlichkeit in der Belle Epoque, S. 33 und 178, zit. in: Jenzer, Die «Dirne», der Bürger und der Staat, S. 41.

128   Vgl. dazu Mesmer, Ausgeklammert – Eingeklammert, S. 160.

129   «Bahnhoftag: Zur Sammlung des Bahnhofhilfswerkes in Zürich am 9. Juni 1956», in: Neue Zürcher Zeitung, 2.6.1956; vgl. auch «Bahnhofwerk», in: FJM Sektion Zürich, 28. JB 1931, S. 8f.

130   Schweiz. Verein der Freundinnen junger Mädchen, Schweiz. Gesamtbericht Juni 1944 bis Juni 1946, S. 7, AGoF 128-75.

131   Ebd., S. 7.

132   Ebd.

133   Aufgeschaut! Gott vertraut!, 38. Jg., Nr. 11, November 1925, S. 165f.

134   Vgl. dazu Statistik Kantonal-Sektionen, in: 100 Jahre FJM 1886–1986, S. 24f. Der erste Gesamtbericht von 1916 erwähnt zudem zwei Kantonal-

sektionen der FJM, die im Jubiläumsbericht von 1986 bereits nicht mehr
figurieren: Appenzell (1895) und
Glarus (1913).

135 Vgl. dazu Statistik Kantonal-Sektionen, in: 100 Jahre FJM 1886–1986,
S. 24f. Die im Gesamtbericht für die
einzelnen Anstalten angegebenen
Gründungsjahre decken sich allerdings nicht immer mit den Angaben
in anderen Quellen und müssten im
Zuge einer sauberen Aufarbeitung der
schweizweiten Liegenschaftssituation
der FJM individuell überprüft werden.
Die im Bericht angegebenen Jahres-
zahlen sind wie folgt: Aargau: «Marthahaus» (1898); Baselland: «Erholungsheim» (1892), «Logierzimmer»
(1894); Basel-Stadt: «Bahnhofheim»
(1890), «Haushaltungsschule» (1901);
Bern: «Mädchenherberge Biel» (1886),
«Mädchenherberge Bern» (1887),
«Logierzimmer Interlaken» (1906),
«Logierzimmer St. Imier» (ohne Jahr);
Genf: «Home de la Gare» (1887);
Luzern: «Mädchenherberge» (1913);
Neuenburg: «Home pour j. filles»
(1876), «Asile temporaire» (1912);
St. Gallen: «Asyl für schutzbedürftige
Mädchen» (1889), «Ferienheim»
(1911); Schaffhausen: «Mädchenheim»
(1892); Tessin: «Home Lugano» (1907),
«Chambre hospitalière Chiasso»
(ohne Jahr); Thurgau: «Logierzimmer
Romanshorn» (1902); Waadt: «Home
Vevey» (1879), «Home Lausanne»
(1882), «Home Montreux» (1887),
«Home Leysin» (1908); Zürich:
«Marthahaus» (1888), «Marthahof»
(1892), «Haushaltungsschule»» (ohne
Jahr, aber 1892), «Kinderheim
Redlikon» (1899), «Sihlwartheim»
(1910).

136 100 Jahre FJM 1886–1986, S. 8.

137 Vgl. dazu die Bestände zur Familie
Mercier in den Privatarchiven des
Archives cantonales vaudoises: PP
952/640-641: Société des Amies de la
Jeune Fille à Lausanne, 1928–1975,
sowie PP 952/640: Dossier général
(1928–1975).

138 Vgl. dazu Bulletin des AJF / FJM
Mitteilungen, Bern, September/
Oktober 1959, Nr. 9/10, 12. Jg., S. 70f.;
Mitteilungsblatt der Freundinnen

Junger Mädchen, Bern, Juli/August
1956, Nr. 7/8, 9. Jg., S. 30.

139 Vgl. dazu Graf, Karl: 200 Jahre
Kantonalkirche, IV. Pioniertaten der
St. Galler Kirche: Heime als diakoni-
sche Werke, in: Kirchenbote Kanton
St. Gallen 4 (2003).

140 Vgl. dazu Mitteilungsblatt der
Freundinnen Junger Mädchen, Bern,
Mai/Juni 1956, Nr. 5/6, 9. Jg., S. 22f.

141 Mitteilungsblatt der Freundinnen
Junger Mädchen, Bern, Juli/August
1956, Nr. 7/8, 9. Jg., S. 31.

142 Vgl. dazu und zu den weiteren
Angaben zur Liegenschaft Zehntner-
Heusser, M.: Pension Mainau, in:
100 Jahre FJM Sektion Stadt Zürich
1887–1987, S. 8–13.

143 Statistik Kantonal-Sektionen, in:
100 Jahre FJM 1886–1986, S. 24f.

144 Jenzer, Die «Dirne», der Bürger und
der Staat, S. 399–401.

145 Schweiz. Verein der Freundinnen
junger Mädchen, Schweiz. Gesamtbericht Juni 1944 bis Juni 1946, S. 8,
AGoF 128-75.

146 À Porta-Frey, R.: Marthahaus: kleine
Chronologie, in: 100 Jahre FJM
Sektion Stadt Zürich 1887–1987, S. 13f.

147 «Aus einem Marthahaus», in: Aufgeschaut! Gott vertraut!, 37. Jg., Nr. 9,
September 1924, S. 133.

148 Vgl. dazu à Porta-Frey, R.: Martha-
haus: kleine Chronologie, in: 100 Jahre
FJM Sektion Stadt Zürich 1887–1987,
S. 14.

149 «Aus einem Marthahaus», in: Aufgeschaut! Gott vertraut!, 37. Jg., Nr. 9,
September 1924, S. 133.

150 Vgl. dazu Jenzer, Die «Dirne», der
Bürger und der Staat, S. 167ff.

151 100 Jahre FJM 1886–1986, S. 14, 24f.
und 50. Der erste Gesamtbericht der
FJM aus dem Jahr 1916 erwähnt
«Flick- und Nähabende» für Appen-
zell (ohne Jahr), St. Gallen (1906) sowie
«Flickschulen» für Zürich (1893).

152 Gerber-Gräub, Susi: Heime – Pensio-
nen, in: 100 Jahre FJM 1886–1986,
S. 14. Die Übersicht der Kantonalen
Sektionen im ersten Gesamtbericht
der FJM von 1916 erwähnt eine
«Haushaltungsschule» nur für
Basel-Stadt (1901) und Zürich (ohne
Jahr, wohl 1892), vgl. ebd., S. 24f.

153 Ebd., S. 14.

154 FJM Sektion Zürich, 13. JB 1904/05, S. 8 sowie im Folgenden Gerber-Gräub, Heime – Pensionen, S. 14.

155 FJM Sektion Zürich, 22. JB 1922/23, S. 8 sowie 16. JB 1910/11, S. 19ff.

156 FJM Sektion Zürich, 8. JB 1895/96, S. 2.

157 FJM Sektion Zürich, 2. JB 1888/89, S. 3.

158 Jenzer, Sabine: «… in Begleitung von weissbeschuhten und stark parfümierten Mädchen». Die Deutschschweizer Vereine zur Hebung der Sittlichkeit und ihr bürgerlicher Blick auf die (potentielle) Prostituierte im Fin de Siècle, in: Ariadne – Forum für Frauen- und Geschlechtergeschichte 55 (2009), S. 37.

159 Aus: Einige wichtige Arbeitsgebiete für die Freundinnen junger Mädchen. Ansprache, gehalten an der Jahresversammlung der Zürcher Sektion der «Freundinnen junger Mädchen», 5. Mai 1892, S. 9f.

160 Eigenmann, Denise: Ein kritisches Stück St. Galler Frauengeschichte: Die «sittlich gefährdeten» Mädchen vom Wienerberg, in: Tagblatt, 19.11.2019.

161 Gerber-Gräub, Heime – Pensionen, S. 14.

162 Ebd.

163 «Schweizerischer National-Verein der FJM. Rückblick auf 10 Jahre», in: Aufgeschaut! Gott vertraut!, 39. Jg., Nr. 8, August 1926, S. 117.

164 Ebd., S. 166.

165 Schweiz. Verein der Freundinnen junger Mädchen, Schweiz. Gesamtbericht Juni 1942 bis Juni 1944, S. 5, AGoF 128-75.

166 Ebd.

167 Ebd.

168 Vgl. ebd., S. 5f.

169 Vgl. dazu Bulletin des AJF / FJM Mitteilungen, Bern, September/Oktober 1958, Nr. 9/10, 11. Jg., S. 70. Der Bericht erwähnt an dieser Stelle auch die Schliessung des Erholungsheims Walten. Gemäss dem Bericht zum 100. Jubiläum der FJM 1986 gehörte das Haus den FJM und wurde als Schul- und Ferienheim genutzt.

170 Ebd.

171 Vgl. dazu und im Folgenden 100 Jahre FJM 1886–1986, S. 15.

172 Zit. in: 100 Jahre FJM Sektion Stadt Zürich 1887–1987, S. 8.

173 Aus der Eröffnungsrede der Präsidentin des Zürcher Martha-Vereins, Frau Schuppisser-Wild, zur «Einweihung des Neuen Töchterheimes» St. Jakob an der Lutherstrasse 20 in 8004 Zürich am 8. Dezember 1928.

174 Vgl. ebd.

175 Vgl. ebd. und Bulletin des AJF / FJM Mitteilungen, Bern, September/Oktober 1959, Nr. 9/10, 12. Jg., S. 71.

176 FJM Sektion Zürich, 31. JB 1934, S. 4f.

177 Aus: 50 Jahre Freundinnenarbeit in der Schweiz 1886–1936, hrsg. vom Schweizerischen Verein der Freundinnen junger Mädchen. O. O. 1936, S. 1., zit. in: Mesmer, Ausgeklammert – Eingeklammert, S. 326, Anm. 14.

178 Aufgeschaut! Gott vertraut!, 39. Jg., Nr. 8, August 1926, S. 125f.

179 Vgl. dazu 100 Jahre FJM Sektion Stadt Zürich 1887–1987, S. 2 und 17.

180 100 Jahre FJM 1886–1986, S. 10.

181 FJM Sektion Zürich, 31. JB 1934, S. 4f.

182 Puenzieux, Dominique Chantal; Ruckstuhl, Brigitte: Sittliche Erneuerung als Strategie zur Bekämpfung der Geschlechtskrankheiten: ein Diskurs über Medizin, Moral und Sexualität in Zürich 1870–1914. Zürich 1991, S. 112f.

183 Die folgenden Gründungsdaten wurden dem Bericht zum 100-Jahr-Jubiläum des Schweizerischen Vereins der FJM entnommen und stammen ursprünglich aus dem «1. Gesamtbericht 1886–1916», in einzelnen Sektionen bestanden jedoch schon vor der Vereinsgründung Werke unter dem Namen FJM: Aargau (1889), Basel-Land (1890), Basel-Stadt (1886), Bern (1878), Biel (1886), Genf (1877), Graubünden (1888), Luzern (1913), Neuenburg (1888), St. Gallen (1886), Schaffhausen (1887), Solothurn (1916), Tessin (1904), Thurgau (1903), Waadt (1882), Wallis (1916), Kanton Zürich (1898), Stadt Zürich (1887), Winterthur (1887). Vgl. 100 Jahre FJM 1886–1986, S. 46–50. Die Übersicht aus dem «1. Gesamtbericht 1886–1916» listet darüber hinaus in der

Statistik noch zwei weitere Kantonalsektionen auf, die im Jubiläumsbericht von 1986 bereits nicht mehr figurieren: Appenzell (1895) und Glarus (1913). Ebd., S. 24f.

Quellen und Literatur

Quellen

In den vergangenen fünf Jahren wurde ein Grossteil der vorhandenen Archivalien in zentrale Archive überführt – unter anderen Gosteli-Stiftung Worblaufen, Schweizerisches Sozialarchiv Zürich, Staatsarchiv Basel-Stadt – und erschlossen. Die Bestände beinhalten zum einen Textdokumente, wie beispielsweise Publikationen, Jahresberichte, Protokollhefte, Abrechnungen, Rechenschaftsberichte oder Briefschaften. Zum anderen finden sich darin auch zahlreiche Bilddokumente, audiovisuelle Materialen (z. B. Dia, Film, Ton) sowie Realien (z. B. Plakattafeln, Stempel, Marken, Broschen). Einzelbestände sind teilweise noch privat gelagert, so zum Beispiel der Bestand der Sektion Solothurn/Olten, weitere Kleinbestände finden sich zudem in den Staatsarchiven der Kantone Zürich, St. Gallen und Waadt sowie im Bundesarchiv. Der Verbleib weiterer Bestände, wie beispielsweise der Sektionen Ost- und Westschweiz, müsste noch abgeklärt werden. Fast vollständig greifbar ist in der Gosteli-Stiftung wie auch im Sozialarchiv Zürich das Verbandsorgan des Nationalvereins, das Rechenschaft ablegt über die Werke und Aktivitäten sowohl auf nationaler als auch auf regionaler beziehungsweise lokaler Ebene und die groben Linien des internationalen Wirkens und der Zusammenarbeit dokumentiert.

Archiv Compagna Solothurn-Olten (im Besitz der letzten Präsidentin Margret Jucker)

Archives cantonales vaudoises
PP 952/640-641: Société des Amies de la Jeune Fille à Lausanne, 1928–1975

Gosteli-Stiftung – Archiv zur Geschichte der schweizerischen Frauenbewegung (AGoF)
128_Freundinnen Junger Mädchen / Compagna

Privatarchiv Jeanne Pestalozzi
Eröffnungsrede der Präsidentin des
Zürcher Martha-Vereins, Frau
Schuppisser-Wild, zur «Einweihung
des Neuen Töchterheimes» St. Jakob
an der Lutherstrasse 20 in 8004
Zürich am 8. Dezember 1928

Schweizerisches Sozialarchiv
Ar 591_Freundinnen junger Mädchen
(FJM) / COMPAGNA Zürich
F_5134_COMPAGNA – Schweizeri-
scher Verein der Freundinnen junger
Mädchen

Staatsarchiv Basel-Stadt
PA 1182 Compagna (bis 1999: Verein
Freundinnen Junger Mädchen),
1882–2006

Zentralbibliothek Zürich
Einige wichtige Arbeitsgebiete für die
Freundinnen junger Mädchen.
Ansprache, gehalten an der Jahresver-
sammlung der Zürcher Sektion der
«Freundinnen junger Mädchen»,
5. Mai 1892

Periodika

Aufgeschaut! Gott vertraut!
Bulletin des AJF / FJM Mitteilungen
Frauenbestrebungen. Organ der deutsch-
schweizerischen Frauenbewegung
Mitteilungsblatt der Freundinnen Junger
Mädchen
Neue Wege. Blätter für religiöse Arbeit
Neue Zürcher Zeitung
NZZ am Sonntag
Schweizerische Lehrerinnenzeitung
St. Galler Tagblatt

Literatur

Althaus, Andrea: Vom Glück in der
Schweiz?: Weibliche Arbeitsmigra-
tion aus Deutschland und Österreich
(1920–1965). Frankfurt am Main / New
York 2017.
Bärtschi, Hans-Peter: «Bahnhof», in:
Historisches Lexikon der Schweiz
online.
Bärtschi, Hans-Peter; Dubler, Anne-Marie:
«Eisenbahn», in: Historisches Lexikon
der Schweiz online.
Blattmann, Lynn: «Geschlechterrollen,
4. Der Bundesstaat und die Ge-
schlechterdualität», in: Historisches
Lexikon der Schweiz online.
Eidgenössische Kommission für Frauenfragen (Hg.): Frauen Macht Geschichte.
Zur Geschichte der Gleichstellung in
der Schweiz 1848–2000. Bern 2001,
https://www.ekf.admin.ch/ekf/de/
home/dokumentation/geschichte-
der-gleichstellung--frauen-macht-ge-
schichte/frauen-macht-geschich-
te-18482000.html (zuletzt abgerufen
am 4.10.2020).
Elser, M.; Ewald, S.; Murrer, G. (Hg.):
Enzyklopädie der Religionen. Augsburg 1990.
Geisthövel, Alexa; Knoch, Habbo (Hg.): Orte
der Moderne. Erfahrungswelten des
19. und 20. Jahrhunderts. Frankfurt
am Main 2005.
Graf, Karl: 200 Jahre Kantonalkirche, IV.
Pioniertaten der St. Galler Kirche:
Heime als diakonische Werke, in:
Kirchenbote Kanton St. Gallen 4
(2003).
Head-König, Anne-Lise: «Mädchenerzie-
hung», in: Historisches Lexikon der
Schweiz online.
Jenzer, Sabine: Die «Dirne», der Bürger und
der Staat. Private Erziehungsheime
für junge Frauen und die Anfänge des
Sozialstaates in der Deutschschweiz,
1870er bis 1930er Jahre. Köln 2014.
Jenzer, Sabine: «… in Begleitung von
weissbeschuhten und stark parfü-
mierten Mädchen». Die Deutschschweizer Vereine zur Hebung der
Sittlichkeit und ihr bürgerlicher Blick
auf die (potentielle) Prostituierte im
Fin de Siècle, in: Ariadne – Forum für
Frauen- und Geschlechtergeschichte
55 (2009), S. 34–39.
Joris, Elisabeth; Witzig, Heidi: Die Pflege
des Beziehungsnetzes als frauenspezifische Form von «Sociabilité», in:
Schweizerische Gesellschaft für
Wirtschafts- und Sozialgeschichte 9
(1991), S. 139–158.
Keller, Eva: Auf Bewährung. Die Straffäl-
ligenhilfe im Raum Basel im 19. Jahrhundert. Konstanz 2019.
Largiadèr, Ursina: Vom «Geistigen Bollwerk

zum Schutze der jungen Mädchen»
zur SOS Bahnhofhilfe – 100 Jahre
Compagna/FJM Solothurn-Olten, in:
Jahrbuch für Solothurnische
Geschichte 90 (2017), S. 263–280.

Largiadèr, Ursina: Von der Bahnhofsagentin
zur SOS Bahnhofhilfe – 100 Jahre
Compagna/FJM Solothurn-Olten, in:
Oltener Neujahrsblätter 75 (2017),
S. 61–64.

Largiadèr, Ursina: «Ein grosser kräftiger
Baum, unter dessen Zweigen viele
Hilfesuchende Schutz finden» – Das
Engagement des Zürcher «Martha-
Vereins», FJM-Sektion Zürich, in der
Zwischenkriegszeit (1918–1939).
Lizenziatsarbeit Universität Zürich,
2015.

Lieb, Julie: Bewahrende und schützende
Fürsorge für die weibliche Jugend, in:
Bericht über den zweiten Schweizeri-
schen Kongress für Fraueninteressen.
Bern 1921, S. 395–402.

Mesmer, Beatrix: Ausgeklammert – Eingeklammert. Frauen und Frauenorganisationen in der Schweiz des 19. Jahrhunderts. Basel 1988.

Müller, Simone: «Alljährlich im Frühjahr
schwärmen unsere jungen Mädchen
nach England». Die vergessenen
Schweizer Emigrantinnen, 11 Por-
träts. Zürich 2017.

Müller, Verena E.: Frauen für Frauen – einst
und jetzt. Schweizerische Evangelische Frauenhilfe – ein Kapitel Schweizer Geschichte, hrsg. von der SEF-
Kommission Archivierung. Bern 2005.

Naegele, Verena: Himmelblau und Rosarot.
Vom Haus für gefallene Mädchen zum
Sozial-Medizinischen Zentrum für
Frau, Mutter und Kind. Zürich 2004.

Puenzieux, Dominique Chantal; Ruckstuhl,
Brigitte: Sittliche Erneuerung als
Strategie zur Bekämpfung der
Geschlechtskrankheiten: ein Diskurs
über Medizin, Moral und Sexualität in
Zürich 1870–1914. Zürich 1991.

Schreiber, Sabine: Gewalt gegen Frauen und
Kinder, in: Neue Frauenbewegung,
145. Neujahrsblatt, hrsg. vom Historischen Verein des Kantons St. Gallen.
St. Gallen 2005, S. 31–44.

Skenderovic, Damir: «Jugendbewegungen»,
in: Historisches Lexikon der Schweiz
online.

Steiger, Emma: Aus der Geschichte der
Jugendhilfe in der Schweiz. Zürich
1950.

Stucky, Christina: «Wir möchten eine
Heimat bieten». Bericht über das
Josephine's Guesthouse for Women
auf: https://www.swissinfo.ch/ger/
gasthaus-nur-fuer-frauen_-wir-mo-
echten-eine-heimat-bieten--/
44525552 (zuletzt abgerufen am
20.10.2020).

Teutsch, M. Jacques: Rapport sur la troisième question: Oeuvres et missions des
gares et ports de mer, in: La Répression de la Traite des Blanches:
Compte Rendu du 3ᵉ Congrès International tenu à Paris les 22–25 Octobre
1906 sous le haut Patronage de M. le
Président de la République et la
Présidence d'honneur de M. le
Ministre des Affaires étrangères et de
M. le Ministre de l'Intérieur. Paris
1907, S. 25–42.

Ulrich, Anita: Bordelle, Strassendirnen und
bürgerliche Sittlichkeit in der Belle
Epoque. Eine sozialgeschichtliche
Studie der Prostitution am Beispiel
der Stadt Zürich. Zürich 1985.

Zellweger, Elisabeth: Wert und Bedeutung
der sozialen Arbeit der Frau, in:
Bericht über den zweiten Schweizerischen Kongress für Fraueninteressen.
Bern 1921, S. 405f.

50 Jahre Freundinnenarbeit in der Schweiz
1886–1936, hrsg. vom Schweizerischen Verein der Freundinnen junger
Mädchen. O. O. 1936.

100 Jahre FJM Sektion Stadt Zürich 1887–
1987, hrsg. vom Schweizerischen
Verein der Freundinnen junger
Mädchen Sektion Stadt Zürich.
Zürich 1987.

100 Jahre FJM 1886–1986, hrsg. vom
Schweizerischen Verein der Freundinnen junger Mädchen. O. O. 1986.

S. 96: Schweizerisches Sozialarchiv,
F 5134-Gb-040

S. 97: Schweizerisches Sozialarchiv,
F 5134-Gb-038

S. 98: Schweizerisches Sozialarchiv,
F 5134-Gb-050

S. 99: Schweizerisches Sozialarchiv,
F 5134-Gb-035

S. 100: Schweizerisches Sozialarchiv,
F 5134-Gb-018

S. 101: Schweizerisches Sozialarchiv,
F 5134-Gb-017

S. 102: Schweizerisches Sozialarchiv,
F 5134-Gb-008

S. 103: Schweizerisches Sozialarchiv,
F 5134-Gc-021

S. 104: Schweizerisches Sozialarchiv,
F 5134-Od-003

S. 105: Gosteli-Stiftung, AGoF 128-76

S. 106: Gosteli-Stiftung, AGoF 128-474

S. 107: Gosteli-Stiftung, AGoF 111-31

S. 108: Gosteli-Stiftung, AGoF 128-98

S. 109: Keystone, 206743363 (RM)

S. 110: Schweizerisches Sozialarchiv,
F 5134-DA-003, F 5134-DA-010,
F 5134-DA-015, F 5134-DA-014,
F 5134-DA-025, F 5134-DA-027

S. 111: Schweizerisches Sozialarchiv,
F 5134-DA-030, F 5134-DA-031,
F 5134-DA-040, F 5134-DA-041,
F 5134-DA-044, F 5134-DA-050

S. 112: Schweizerisches Sozialarchiv,
F 5134-Pa-001

S. 113: Gosteli-Stiftung, AGoF 128-106

S. 114: Gosteli-Stiftung, AGoF 128-123

S. 115: Gosteli-Stiftung, AGoF 128-95

S. 118: Baugeschichtliches Archiv,
BAZ_068616, Foto: Heinrich Wolf-
Bender & Erben

S. 119: Gosteli-Stiftung, AGoF 128-98

S. 120: Schweizerisches Sozialarchiv,
F 5134-Gb-030

S. 121: Gosteli-Stiftung, AGoF 128-363

S. 122: Schweizerisches Sozialarchiv,
F 5134-Gb-046

S. 123: Schweizerisches Sozialarchiv,
F 5134-Gb-009

S. 124: Schweizerisches Sozialarchiv,
F 5134-Gb-019

S. 125: Gosteli-Stiftung, AGoF 128-97

S. 126: Schweizerisches Sozialarchiv,
F 5134-Od-001

S. 127: Gosteli-Stiftung, AGoF 128-363

S. 128: Gosteli-Stiftung, AGoF 128-341

S. 129: Gosteli-Stiftung, AGoF 128-341

S. 130: Baugeschichtliches Archiv,
BAZ_057555

S. 131: Gosteli-Stiftung, AGoF 128-98

S. 132: Gosteli-Stiftung, AGoF 128-341

S. 133: Frauenhotel AG

S. 134: Schweizerisches Sozialarchiv,
F 5134-Gb-044

S. 135: Schweizerisches Sozialarchiv,
F 5134-Gb-007

S. 136: Gosteli-Stiftung, AGoF 128-98

S. 137: Gosteli-Stiftung, AGoF 128-98

S. 138: Gosteli-Stiftung, AGoF 128-98

S. 139: Schweizerisches Sozialarchiv,
F 5134-Fc-002

S. 140: Schweizerisches Sozialarchiv,
F 5134-Gb-015

S. 141: Baugeschichtliches Archiv,
BAZ_083477, Foto: Robert Breitinger

S. 142: Schweizerisches Sozialarchiv,
F 5134-Gc-022

S. 143: Schweizerisches Sozialarchiv,
F 5134-Gc-030

S. 144: Schweizerisches Sozialarchiv,
F 5134-Gb-029

S. 145: Schweizerisches Sozialarchiv,
F 5134-Gc-007

S. 146: Schweizerisches Sozialarchiv,
F 5134-Gb-052

S. 147: Schweizerisches Sozialarchiv,
F 5134-Gc-001

S. 148: Schweizerisches Sozialarchiv,
F 5134-Gb-045

S. 149: Schweizerisches Sozialarchiv,
F 5134-Gb-054

S. 150: Schweizerisches Sozialarchiv,
F 5134-Gc-006

S. 151: Gosteli-Stiftung, AGoF 128-98

S. 152: Gosteli-Stiftung, AGoF 128-98

S. 153: Gosteli-Stiftung, AGoF 128-98

S. 154: Gosteli-Stiftung, AGoF 128-98

S. 155: Stadthotel Steinenschanze

S. 156: Baugeschichtliches Archiv,
BAZ_062988

S. 157: Gosteli-Stiftung, AGoF 128-98

S. 158: Gosteli-Stiftung, AGoF 128-98

S. 159: Schweizerisches Sozialarchiv,
F 5134-Gb-014

S. 160: Compagna

S. 161: Compagna

S. 162: Frauenhotel AG

S. 163: Gosteli-Stiftung, AGoF 128-269

1877   Gründung des Internationalen Vereins der Freundinnen Junger Mädchen im Rahmen des ersten internationalen Abolitionistenkongresses der Fédération Abolitionniste Internationale in Genf; Gründung der Sektion Genf

1878   Gründung der Sektion Bern

1882   Gründung der Sektion Waadt

1886   Die bisher selbstständig agierenden Schweizer Lokalkomitees des internationalen Verbands schliessen sich zum Schweizerischen Verein der Freundinnen Junger Mädchen zusammen. / Genf stellt die erste «Bahnhofsagentin» ein. Dieser Dienst wird neu nicht mehr ehrenamtlich von Vereinsmitgliedern geleistet, sondern als entlöhnte Arbeit. Damit schaffen die FJM Arbeitsplätze für Frauen. Ein Jahr später folgt Zürich dem Genfer Beispiel. / Gründung des Deutschschweizer Publikationsorgans *Aufgeschaut! Gott vertraut!*, das bis 1947 gemeinsam mit dem Verband deutschschweizerischer Frauenvereine zur Hebung der Sittlichkeit herausgegeben wird. / Gründung der Sektionen Basel-Stadt, Biel und St. Gallen / Die FJM eröffnen in Bern ein Haus für Passantinnen.

1887   Gründung der Sektionen Zürich, Schaffhausen und Winterthur

1888   Gründung der Sektionen Graubünden und Neuchâtel / Den FJM wird als erster gemeinnütziger Organisation in der Schweiz die Portobefreiung zugesprochen, was einer indirekten Bundessubvention entspricht.

1889   Gründung der Sektion Aargau

1890   Die Jura-Simplon-Bahn erlaubt als erste schweizerische Bahngesellschaft den FJM, in den Waggons der dritten Klasse Plakate anzubringen. Weitere Bahngesellschaften folgen. 1907 beteiligen sich bereits 24 Eisenbahngesellschaften. / Gründung der Sektion Basel-Landschaft

1895   Gründung der Sektion Appenzell / Der Hof Walten in Läufelfingen gelangt in den gemeinsamen Besitz der FJM und des «Damencomité zur Hebung der Sittlichkeit». Das Haus dient zunächst als Erholungsheim für Frauen, 1964 eröffnen die FJM und der Evangelische Verband Frauenhilfe Baselland darin ein Freizeitheim mit Selbstbedienung. Heute wird es von der Evangelischen Frauenhilfe Baselland an Schulen oder für Privat und Firmenanlässe vermietet.

1896   Gründung des katholischen Schweizerischen Mädchenschutzvereins in Freiburg (heute Pro Filia) / Die FJM werden an der Schweizerischen Landesausstellung in Genf mit einer goldenen Medaille ausgezeichnet.

1899   Einführung des siebenzackigen Sterns als Wahrzeichen der FJM. Die Zacken stehen symbolisch für die sieben Gründernationen – Belgien, Dänemark, Deutschland, England, Frankreich, Niederlande und Schweiz – des internationalen Vereins.

1900   Die FJM werden an der Exposition universelle in Paris mit der «Goldenen Medaille» ausgezeichnet.

1903   Gründung der Sektion Thurgau

1904   Gründung der Sektion Tessin

1910   erste europäische Konferenz der Bahnhofwerke in Bern

1913   Gründung der Sektionen Glarus und Luzern

1914   Die FJM beteiligen sich an der Schweizerischen Landesausstellung in Bern.

1914–1918   Während des Ersten Weltkriegs verschiebt sich der Aktionsradius der FJM auf die nationale Ebene und somit von der Stadt verstärkt aufs Land.

1916   Gründung der Sektionen Solothurn und Wallis

1918–1939   Professionalisierung der FJM in der Zwischenkriegszeit, neue Konkurrenz bildet die staatliche Jugendfürsorge

1920   Compagna Basel erwirbt die Liegenschaft am Steinengraben 69 und richtet darin eine Mädchenpension ein.

1921   Umbenennung des Internationalen Vereins der Freundinnen Junger Mädchen zu Bund der Nationalvereine der Freundinnen Junger Mädchen im Rahmen der siebten internationalen Konferenz des Vereins

1925 Beitritt einzelner lokaler Sektionen zum BSF, dem Bund schweizerischer Frauenvereine

1926 Einführung der «Bahnhoftage» – eine schweizweite Sammelaktion zur Finanzierung des Bahnhofwerks

1927 Jahrzehnte vor der Einführung der AHV schliesst das Nationalkomitee für «treue Mitarbeiterinnen» Kranken-, Unfall- und Altersversicherungen ab.

1928 Beitritt der FJM zum Schweizerischen Verband für Innere Mission und Evangelische Liebestätigkeit / Die FJM beteiligen sich an der Schweizerischen Ausstellung für Frauenarbeit (SAFFA). / Film «Jungmädchenschicksale»

1929 Einheitliche Uniformierung der Schweizer FJM-Bahnhofhelferin. Nach diesem Vorbild wird die Uniformierung in der Folge in weiteren Ländern eingeführt.

1931 Das Bahnhofwerk der FJM und von Pro Filia erhält von den SBB alljährliche Unterstützungsbeiträge zugesprochen.

1937 Einführung von Passivmitgliedschaften: Freundin sein hiess bis dahin, aktiv im Verein tätig zu sein und am Frauennetzwerk tatkräftig mitzuwirken.

1939 Die FJM beteiligen sich an der «Landi 39». / Produktion «Rosi Wunderli's Abetür verfasst vo Jugetliche» / Stummfilm «Françoise»

1939–1945 Der Zweite Weltkrieg bringt die internationale Tätigkeit des Frauennetzwerks zum Erliegen und fördert in der Schweiz den Ausbau des ländlichen Engagements.

1947 Beitritt zum Evangelischen Frauenbund der Schweiz / Einstellung des Publikationsorgans *Aufgeschaut! Gott vertraut!*

1949 Beitritt des Schweizerischen Vereins FJM zum BSF, heute alliance F (vereinzelt traten lokale Sektionen schon ab 1925 bei)

1950 Die SBB stellen der Bahnhofhilfe alle Büros unentgeltlich zur Verfügung – inklusive Strom und Heizung.

1957 Eröffnung des Swiss Hostel for Girls in London (Schliessung 1980)

1958 Die FJM beteiligen sich an der Schweizerischen Ausstellung für Frauenarbeit (SAFFA). / Film «Eine Freundin in der grossen Welt» von Kurt Früh

1960 Auflösung des internationalen Bundes der FJM; die FJM gehen auf internationaler Ebene gemeinsame Wege mit dem YWCA, dem Christlichen Verein Junger Frauen.

1962 Compagna Basel: Abriss und Neubau der Pension Steinenschanze

1963 Die Sektion St. Gallen eröffnet im Februar zwischen St. Peterzell und Brunnadern die Haushaltungsschule Auboden für geistig und körperlich behinderte Mädchen. In der Liegenschaft war von den FJM seit 1910 ein Ferien- und Erholungsheim für minderbemittelte Frauen und Töchter betrieben worden. 1995 wird die Schule in «Ausbildungsstätte» umbenannt, seit 1999 werden auch junge Männer zugelassen.

1968 SOS Bahnhofhilfe: Ab 1968 tragen alle Helferinnen am Bahnhof, ob von den FJM oder Pro Filia, eine einheitlich rot-weiss-gelbe Armbinde (heute ist es ein oranges Gilet).

1970 Compagna Basel: Gründung der Beratungsstelle für Binationale Paare und Familien

1973 Das Signet der FJM wird modernisiert. Der siebenzackige Stern wird vom «wachsamen Auge» abgelöst. / Compagna Graubünden: Gründung des Bündner Sozialjahrs

1979 Die FJM stellen das Haus Fenin bei Neuenburg für Projekte mit Drogenabhängigen zur Verfügung.

1983 Compagna und die YWCA gehen wieder getrennte Wege.

1986 Jubiläum 100 Jahre FJM Schweiz

1989 Verleihung des Adele-Duttweiler-Preises an den Schweizerischen Verein der FJM

1993 Die ehemalige FJM-Pension am Steinengraben 69 in Basel wird zum 3-Sterne-Hotel Steinenschanze und finanziert, seit 2009 unter dem Namen Steinenschanze Stadthotel, grösstenteils die sozialen Aktivitäten des Vereins. Das Haus wurde von den FJM bereits 1920 erworben, die darin zunächst eröffnete Mädchenpension wurde 1962 abgerissen und neu gebaut.

1999 Umbenennung des Schweizerischen Vereins der Freundinnen Junger Mädchen zu «Compagna»

2000 Start der Dienstleistung Reisebegleitung durch Compagna Ostschweiz im Auftrag von Compagna Schweiz

2001 Compagna Basel: Gründung von Aliena – Beratungsstelle für Frauen im Sexgewerbe / Eröffnung des Hotels Lady's First in der ehemaligen FJM-Pension Mainau im Zürcher Seefeld, welche der gemeinnützigen Frauenhotel AG verpachtet wurde. Diese wird 2010 auch das Hotel Marta und 2017 das Josephine's Guesthouse for Women in den ehemaligen Pensionen Marthaus und Lutherstrasse eröffnen.

2003 Compagna Graubünden: Lancierung der «Leihnanis». Compagna hatte damit den von den Bündner Landeskirchen lancierten und vom WEF finanzierten Wettbewerb zum Thema «Generationenverbindende Projekte» gewonnen.

2006 Das Hotel Lady's First wird für sein Zusammenbringen von Gewinnstreben und Gemeinnützigkeit mit dem «Swiss Award for Business Ethics» ausgezeichnet. / Übernahme der Reisebegleitung durch die Sektion Ostschweiz

2008 Die Beratungsstelle für Binationale Paare und Familien von Compagna Basel erhält den Integrationspreis der Stadt Basel.

2015 Nach 52 Jahren gibt Compagna Ostschweiz die Betriebseinstellung der Ausbildungsstätte Auboden für lernbehinderte Jugendliche bekannt. 2018 wird die Liegenschaft an die Bring it on GmbH verkauft, die darin seit 2016 die «Wirkstatt Auboden» betreibt.

2016 Gründung der Stiftung Compagna Conviva, die seither das Liegenschaftenportfolio von Compagna Zürich zusammenfasst und verwaltet.

2017 Compagna Genf: Gründung der Reisebegleitung «Mobilité pour tous».

2018 Compagna Waadt überträgt der Stiftung Compagna Conviva im Zuge der Auflösung des Vereins seine Pension Bienvenue an der Rue du Simplon 2 in Lausanne.

2019 Gründung der gemeinnützigen Bahnhof & Mobilität AG, die von Compagna und Pro Filia Schweiz den Vertrag mit den SBB und die Dienstleistungsverträge mit den lokalen Trägerschaften der SOS Bahnhofhilfe übernimmt. Aktionärinnen sind zu je fünfzig Prozent Compagna und Pro Filia. / Compagna Ostschweiz wechselt seinen Namen zu Compagna Reisebegleitung Schweiz.

2020 Compagna Bern überträgt den Betrieb des Hotel Marthahaus an der Wyttenbachstrasse 22a an die sozial tätige Band-Genossenschaft Bern. / Compagna Solothurn-Olten löst sich auf.

2021 Die sechs lokalen Vereine von Compagna Basel, Compagna Bern, Compagna Genf, Compagna Graubünden, Compagna Zürich sowie Compagna Reisebegleitung Schweiz beschliessen, den Dachverband aufzulösen. Die ihm noch verbliebenen Funktionen als Aktionär der Bahnhof & Mobilität AG sowie als Träger von Marke und Website von Compagna werden einzelnen lokalen Vereinen übertragen.

Die Vereine von Compagna führen bzw. besitzen heute folgende Einrichtungen:

Compagna Basel: Hotel Steinenschanze, Beratungsstelle Aliena, Beratungsstelle für Binationale Paare und Familien, SOS Bahnhofhilfe
Compagna Bern hat das Hotel Marthahaus verpachtet.
Compagna Genf: SOS Bahnhofhilfe und Reisebegleitung «Mobilité pour tous»
Compagna Graubünden: Leihnanis, Bündner Sozialjahr
Compagna Zürich: SOS Bahnhofhilfe (zusammen mit Pro Filia)
Compagna Reisebegleitung Schweiz: Reisebegleitung

Esther Hürlimann studierte an der Universität Zürich Germanistik, Allgemeine Geschichte und Judaistik. Sie ist als Journalistin tätig und arbeitet zudem als Buchautorin mit dem Schwerpunkt Biografien und Firmengeschichten für die Kommunikationsagentur Panta Rhei.

Ursina Largiadèr studierte an der Universität Zürich Allgemeine Geschichte, Kunstgeschichte und Philosophie. Beruflich war die Historikerin mit Schwerpunkt Frauen- und Geschlechtergeschichte u. a. als Kulturvermittlerin, Autorin und Vorstandsmitglied beim Verein Frauenstadtrundgang Zürich tätig. Heute leitet sie die Vermittlung und Museumspädagogik im Museum Schloss Kyburg.

Luzia Schoeck studierte Anglistik, Europäische Volksliteratur und Allgemeine Geschichte an der Universität Zürich. Beruflich war sie für das Archiv der James-Joyce-Stiftung und in der Unternehmenskommunikation eines Bildungsinstituts tätig. Heute betreut sie für die Kommunikationsagentur Panta Rhei diverse Publikationen.

211 Für die Unterstützung des Buches
«Das Fräulein vom Bahnhof» dankt Compagna Schweiz:

Annemarie Affolter, Kurt und Berta Bauknecht-Pfister, der Baumann Unternehmungsberatung AG, Liselotte Bleuler, Dr. Therese Blöchlinger, Esther Maria Bolliger-Rapp, Nicolas und Regula Bramley-Steinemann, Ruth Brändli, Dr. iur. Ursula Brunner, Colette Buschta, Gertrud Christen, Britta Crameri Wu, Sonja Däniker, Marie Dorothée De Stoutz-Merian, Wiltraud Dittes, Helene Egger, Elisabeth Felchlin-Kamber, Margrit Ferrari, Florence Karin Flubacher, Leonie Flury-Kissling, Stefan Gerber, Silvia Girsberger, Verena Grunauer-Müller, Helen Gucker, Dr. Peter Gut-Graf, Irene Gysel, Elisabeth Habegger-Wegmüller, Dr. jur. Felix Hafner, Peter Herzog, Nicole Hirt, Beata Hochstrasser, Anita Hubeli, dem Intercoiffure-Team Kräuchi AG, Irene Isch-Hofer, Véronique Kassner Colombo, Dr. Christian und Annemarie Kaufmann-Heinimann, Sibylle Kicherer Steiner, Christian Kind, den Erben Hans Peter Knöpfel-Luchsinger, Karl und Liselotte Kobler, Beatrice Komenda, Monika Läubli, Verena Leuzinger Nabholz, Madeleine Liechti, Franziska Meier-Bauer, Benedict Remy Meyer, Veronika Meyer, Hans Muster-Pernet, Elisabeth Nötzli, Ella Oertli-Stauch, Agnes Perrot, Dietrich Pestalozzi, Imogen Pürro Schwob, Sylvia Renggli, Marie Louise Rötheli-Allemann, Silvia Salathé, Christine Salvisberg-Sigg, Christine Scherler, Grazia Schicht, Ida Schneider-Jaggi, Carola Elena Scotoni Berger, Gertrud Stocker, Brigitte Stuker-Rüedi, Rosa Theler, Renate Tröndle, Edith Vogt, Heinz und Maja von Gunten-Wullschleger, Yves von Tobel, Prof. Dr. Urs Wild, Rudolf Winkler, Dr. Barbara Wüest

Compagna Basel-Stadt
Compagna Genf
Compagna Graubünden
Compagna Reisebegleitung Schweiz
Compagna Solothurn-Olten
Compagna Waadt
Compagna Zürich
Compagna Conviva

ERNST GÖHNER STIFTUNG

Stiftung Diakoniewerk Neumünster –
Schweizerische Pflegerinnenschule

Der Verlag Hier und Jetzt wird vom Bundesamt für Kultur mit einem Strukturbeitrag für die Jahre 2021–2024 unterstützt.

Dieses Buch ist nach den aktuellen Rechtschreibregeln verfasst. Quellenzitate werden jedoch in originaler Schreibweise wiedergegeben. Hinzufügungen sind in [eckigen Klammern] eingeschlossen, Auslassungen mit [...] gekennzeichnet.

Lektorat:
Stephanie Mohler, Hier und Jetzt

Gestaltung und Satz:
Simone Farner, Zürich

Bildbearbeitung:
Benjamin Roffler, Hier und Jetzt

Druck und Bindung:
Eberl & Kösel GmbH & Co. KG, Altusried-Krugzell